novum premium

ZORAN
MITROVIĆ

PRIMO

DER PARTEI SECONDI

novum premium

Bibliografische Information
der Deutschen Nationalbibliothek:

Die Deutsche Nationalbibliothek
verzeichnet diese Publikation in
der Deutschen Nationalbibliografie.
Detaillierte bibliografische Daten
sind im Internet über
http://www.d-nb.de abrufbar.

Gedruckt in der Europäischen Union
auf umweltfreundlichem, chlor- und
säurefrei gebleichtem Papier.

ISBN 978-3-99130-479-1
Lektorat: Falk-M. Elbers
Umschlagfoto:
SaveJungle | Dreamstime.com
Umschlaggestaltung, Layout & Satz:
novum Verlag
Innenabbildungen: Zoran Mitrović

Die vom Autor zur Verfügung gestellten Abbildungen wurden in der bestmöglichen Qualität gedruckt.

www.novumverlag.com

Druckprodukt mit finanziellem
Klimabeitrag
ClimatePartner.com/16547-2311-1001

INHALTSVERZEICHNIS

DIE OUVERTÜRE

Mein Vater hat 70 Jahre in einer falschen Stadt gelebt, weil er in die falsche Frau, meine Mutter, verliebt war. In diesen 70 Jahren hat er keine Freunde in der Stadt gefunden. Er lebte bescheiden, ruhig und tapfer. In seiner stillen Einsamkeit. Nachdem meine Mutter gestorben war, ist er trotzdem dortgeblieben und am Ende einsam gestorben. Beerdigt wurde er auf dem falschen Friedhof unter fremden Menschen.

Erschrocken bin ich aufgewacht eines Tages, als ich begriffen habe, dass mein Schicksal nicht viel anders verläuft. Ich lebe seit circa vierzig Jahren in einer fremden Stadt, mit einer fremden Frau in einem Unrechtsstaat. Zuerst möchte ich sagen, dass ich in keinem Fall beerdigt werden will, sondern mein Leichnam sollte verbrannt werden und die Asche an einem Ort, wo das erlaubt ist, verstreut werden. Ich entschied mich, nicht leise und nicht unbemerkt in dieser fremden Stadt zu leben, und gründete eine eigenständige politische Partei. Dieser Schritt hat mir eine negative Berühmtheit bei allen politischen Akteuren auf Gemeinde-, Kantons- und Bundesebene eingebracht.

Mit der Gründung einer Partei in der Schweiz wollte ich endlich Freunde finden. Menschen mit ähnlichen politischen Ansichten, dachte ich, könnten eines Tages Freunde werden. Während der Jahre 2019, 2020, 2021, 2022 und 2023 habe ich leider keine Freunde, sondern nur Feinde gesammelt. Obwohl ich verraten, betrogen, bestohlen, verfolgt, ausspioniert und von allen politischen Parteien und Mitgliedern der regierenden schweizerischen Parteien einfach ignoriert wurde, möchte ich die letzten vier Jahre meines Lebens nicht missen. Sie waren innovativ, emotional und kreativ und man kann sagen, es waren die besten Jahre meines Lebens. Dieses Buch sehe ich als Handbuch für die jungen SchweizerInnen mit Migrationshintergrund, die sich politisch engagieren wollen. Sie sollten aus meinen Fehlern lernen und begreifen, dass jeder Mann theoretisch sehr leicht eine politische Partei in der Schweiz gründen kann, und dadurch scheint es so, dass die schweizerische politische Landschaft leicht zu verändern ist. Darüber hinaus soll dieses Buch den Mitgliedern der Partei der Secondi zeigen, dass die Gründung der Partei kein Selbstläufer war, sondern ein mühsamer Kampf gegen die verkrusteten politischen Strukturen und nationalistischen Grundgedanken dieses Landes. Ich werde in diesem Buch versuchen, die Schweiz und die SchweizerInnen so zu beschreiben, wie ich sie während meines Schweiz-Aufenthaltes erlebt habe. Vor allem werde ich mich mit den letzten vier Jahren meines Lebens beschäftigen.

PRIMO

Geboren wurde ich im Jahr 1953 in Sibenik (YU). Mit vierzehn Jahren fuhr ich mit dem Zug nach Novi Sad (YU), an einen Ort, der 1000 km entfernt von meinem Geburtsort liegt. Dort wurde ich an einer chemisch-technologischen Schule angenommen. Während meiner Schulzeit war ich relativ selbständig und habe gelernt, das Geld wertzuschätzen und die Charaktere der Menschen leicht zu erkennen. Durch den Schwimmsport habe ich mich an das harte Arbeiten gewöhnt und auch daran, Niederlagen zu verkraften. Meine Matura schloss ich 1971 ab. Danach ging ich wieder zurück nach Sibenik, wo ich im Dezember desselben Jahres eine Tätigkeit als werdender Schichtführer in einer sich aufbauenden Aluminiumelektrolyse bei der Firma TLM annahm. Es war vorgesehen, dass ca. vierzig Mitarbeiter eine mehrmonatige Ausbildung bei der Firma Alusuisse in der Schweiz absolvieren. Diese Schweizer Firma hat das Know-how für die Aluminiumelektrolyse bei TLM Sibenik geliefert.

Im Frühjahr 1972 kamen wir in Gampel-Steg (VS) an. Ich war mit meinen 19 Jahren das jüngste Mitglied der Gruppe. Wir arbeiteten im Schichtbetrieb in der Hütte Steg und durften alle notwendigen Arbeiten an den Schmelzöfen erlernen. Das war notwendig, um das Know-how der Firma Alusuisse zu übernehmen. In diesem Betrieb herrschte fast militärische Disziplin und Ordnung. Mir ist aufgefallen, dass alle Chefs Schweizer waren, welche sich wie wahre Herren aufgeführt haben. Die Schichtarbeiter waren vor allem italienische Grenzgänger. Am 19. Juli dieses Jahres verbrannte ich mein linkes Bein mit einem Elektrolyten, der auf 950 Grad Celsius erhitzt worden war. Daraufhin wurde ich ins Spital Visp eingeliefert und dort behandelten die Ärzte meine Verbrennungen fachmännisch. Elektrolytverbrennungen dieses Grades kannten die Ärzte im Spital bereits aus Erfahrung. Im Spital blieb ich fast einen Monat. Während dieser Zeit besuchte mich meine künftige Frau, eine Oberwalliserin, regelmäßig und dort kamen wir uns näher. Im Dezember 1972 schlossen wir unsere Ausbildung in der Hütte Steg ab und flogen zurück nach Hause.

Im Januar 1973 wurden die ersten Aluminiumelektrolyseöfen der Firma TLM Sibenik in Betrieb genommen. Dort mussten wir zeigen, was wir in der Hütte Steg gelernt hatten. Ich habe als Schichtführer gearbeitet und im Frühling erfuhr ich, dass meine künftige Frau schwanger war. Wie diese Zeit der Schwangerschaft für eine junge, ledige werdende Mutter in einem katholisch-konservativen Dorf war, kann ich mir nur vorstellen. Sie sprach nie darüber. Die erste Reaktion ihres Bruders war: „Du bist eine dumme Kuh." Er war zutiefst enttäuscht, dass seine jüngere ledige Schwester ein Kind von einem Ausländer erwartete. Ihr Vater starb im Februar 1973. Im September 1973 wurde unser Sohn geboren. Die Nachricht über die Geburt meines Sohnes bekam ich während einer Nachtschicht. Meine Eltern waren sehr positiv überrascht, weil ich bis dato niemanden über die Schwangerschaft informiert hatte. Am nächsten Tag habe ich zusammen mit Familie und Freunden die Geburt des Sohnes gefeiert.

Ende September fuhren meine Eltern und ich nach Gampel, um uns vorzustellen. Dort angekommen, erkannte ich meinen Sohn juristisch an. Meine Frau war nach dem Schweizer Recht immer noch minderjährig, sie war 19 und ich war 20 Jahre alt. Die Familie meiner Frau empfing uns neugierig, da sie bis zu dieser Zeit keine festen Kontakte mit Ausländern gepflegt hatten. Im Nachhinein kann man sagen, dass im September 1973 in Gampel zwei sehr unterschiedliche Welten aufeinandertrafen: die strenggläubige, sparsame, asketisch aussehende Mutter meiner Frau, die mit 62 Jahren in diesem Jahr Witwe und Oma geworden war, meine Frau, die wahrscheinlich einiges in den letzten Monaten erlebt hatte, und auf der anderen Seite meine Eltern, die bereits mit 44 Jahren zum ersten Mal Großeltern wurden. Meine Schwiegermutter in spe kochte für uns ein Mittagessen. Sie aß sehr wenig und meine Eltern nahmen, um einen guten Eindruck zu hinterlassen, ebenfalls wenig zu sich. Nach dem Mittagessen machten sie einen Spaziergang und kauften Schweizer Käse und Brot, um satt zu werden.

Während meiner Ausbildung in Steg und der späteren Ausübung meiner Tätigkeit als Schichtführer in der Aluminiumhütte gelangte ich zu der Überzeugung, dass ich unbedingt weiter studieren muss. Angekommen in Gampel teilte ich diese Entscheidung zuerst meiner Frau mit. Ich wollte das Beste für meine werdende Familie und ich wollte mein neues Leben in der Schweiz als Herr und nicht als einfacher Arbeiter anfangen. Ich war überzeugt, dass ich mit meinem Ersparten die ersten Semester meines Studiums selbst finanzieren könnte.

Meine Mutter war Kroatin, mein Vater Serbe und ich sah mich als Welteroberer. Nationalisten jeder Art habe ich bereits damals verachtet. Ich war stolz auf meine Herkunft, meine Sprache und stolz, ein Bürger der Sozialistischen Föderativen Republik Jugoslawien (SFRJ) zu sein. Jugoslawien hatte im Zeitraum zwischen 1955 und 1985 mit westlichen Krediten die eigene Industrie ausgebaut und war unter anderem in der Lage, sehr viele Waffen in eigener Regie zu fertigen. Darüber hinaus produzierte man alle notwendigen Metalle, wie Eisen, Aluminium, Kupfer, Gold, Silber, Zink usw. Die Menschen dort lebten in einer aufregenden Zeit.

Als ich wieder zuhause in Sibenik war, kündigte ich meine Arbeit und schrieb mich im Oktober 1973 an der chemisch-technologischen Fakultät in Split ein. Aus heutiger Perspektive kann ich behaupten, dass diese Entscheidung eine der klügsten Entscheidungen in meinem ganzen Leben war. Ich sah, dass die Mutter und die Schwägerin meiner Frau sich liebevoll um unseren Sohn kümmerten. Meine Frau musste noch ihre Lehre abschließen. Ich wollte in den Winter- und Sommerferien in der Schweiz arbeiten und mit dem verdienten Geld mein Studium finanzieren. Mein Bruder hatte gleichzeitig sein Studium in Zagreb angefangen und meine Eltern hatten nicht genügend Geld, um die Studien beider Söhne gleichzeitig zu finanzieren.

Die nächsten sechs Jahre unseres Lebens waren sowohl für meine Frau als auch für mich anstrengend und hart. Es war eine große Herausforderung für beide Familien, für meine Frau und für mich, der unbedingt seinen Studientraum verwirklichen wollte. In den ersten zwei Jahren meines Studiums waren wir, meine Frau, unser Sohn und ich, nur jeweils vier Monate zusammen. In diesen zwei Jahren hatten wir genügend Geld gespart, damit meine Frau und unser Sohn sieben Monate in Sibenik bei meinen Eltern verbringen konnten. Im Februar 1976 heirateten wir in Sibenik. Unser Sohn war zu dieser Zeit zweieinhalb Jahre alt. Aus der Schweiz reisten zu unserer Hochzeit ihre Mutter, ihr Bruder, eine Schwester und die beste Freundin meiner Frau an. Meine Familie und einige gute Freunde nahmen ebenfalls an der Hochzeitsfeier teil. Wir mieteten im besten Hotel in Sibenik einen Saal und feierten dort. Die Hochzeitskosten haben meine Frau und ich von unserem eigenen Geld bezahlt. Meine Frau und unser Sohn lebten während meines Studiums insgesamt eineinhalb Jahre in Sibenik und erwarben in dieser Zeit gute Kenntnisse der serbokroatischen Sprache. In den letzten Jahren meines Studiums waren wir entweder in Sibenik oder in Gampel viel länger zusammen.

Im Dezember 1979 schloss ich mein Studium mit der Diplomarbeit „Trennung der Terpene und Terpenoiden aus Lavendelöl“ und mit bestandener Prüfung ab. Während meines Studiums hatte ich sehr hart gearbeitet und auf vieles verzichtet. Jetzt, wo ich in der Schweiz auf Arbeitssuche war, wurde mir klar, dass ich künftig noch viel mehr arbeiten werden müsste, um eine Arbeitsstelle zu finden und am Ende Erfolg zu haben. Wie schwer es damals für einen ausländischen Akademiker war, eine passende Tätigkeit zu finden, werde ich an einem Beispiel erläutern. Ich habe über vierzig Bewerbungen versandt und sehr wenige Antworten bekommen, welche alle negativ waren. Darunter war auch die Firma Lonza in Visp. In der gleichen Zeit las ich ein Interview des Direktors der Firma Lonza, wo er sich beklagte, dass im Oberwallis keine Fachkräfte zu finden seien. Darauf schickte ich eine neue Bewerbung, in der ich darauf hingewiesen habe, dass ich ein diplomierter Ingenieur der chemischen Technologie bin und dass ich eine Aufenthalts- und Arbeitsbewilligung für die Schweiz habe. Danach verlangten sie meine Diplomarbeit. Ich übersandte sie und ein paar Tage später erhielt ich einen Brief von ihnen, der an Dr. Zoran Mitrovic adressiert war. Meine Diplomarbeit hatte sie beeindruckt. Sie luden mich zu einem Vorstellungsgespräch in zwei Monaten ein, weil der zuständige Abteilungsleiter in den USA weilte. In der Zwischenzeit hatte ich eine Anstellung bei der Firma Alusuisse in Chippis als wissenschaftlicher Assistent in einem Hüttenlabor erhalten. Sie waren von meinen Vorkenntnissen über Aluminiumelektrolyseöfen beeindruckt und am 1. April 1980 begann ich dort zu arbeiten.

Obwohl sich meine Schwiegermutter sehr liebevoll um unseren Sohn kümmerte und wir bei ihr fast gratis wohnen durften, hat sie uns nie eine finanzielle Unterstützung angeboten. Sie hatte relativ viel Geld auf dem Sparkonto, was ich erst später erfuhr. Aber weder sie noch der Bruder meiner Frau empfanden es als notwendig, uns finanziell zu unterstützen. Damals war ich jung und überzeugt, dass ich alles allein schaffen kann. Aber eine finanzielle Unterstützung hätte unser Leben leichter gemacht. In Siders fand ich eine günstige Dreieinhalb-Zimmer-Wohnung in der Nähe der Fabrik und im September 1980 zogen endlich meine Frau, unser Sohn und ich in unsere erste gemeinsame Wohnung. Für die Möblierung der Wohnung nahm ich einen Kleinkredit auf. Im Januar 1983 kam unser zweiter Sohn in Siders zur Welt. Bei der Geburt war ich dieses Mal jedoch dabei. Die Jahre in Siders waren für mich sehr interessant, weil ich dort die Deutschschweizer und die Westschweizer in einem einzigen Betrieb erleben konnte. Die Westschweizer sprachen mit jedem nur französisch, weil sie ihre Sprache verteidigen wollten. Sie waren in der Minderheit, ebenso wie die wenigen ausländischen Fachkräfte, die dort arbeiteten. Für mich war es schwierig, weil ich kein perfektes Deutsch sprach, und jetzt musste ich als weitere Sprache Französisch lernen. Ich sprach Englisch und Deutsch und eine dritte Fremdsprache war mir einfach zu viel. Das Rhonetal, wo sich unsere Wohnung und die Fabrik befanden, war von hohen Bergen umschlossen. Ich bin am Meer aufgewachsen und mir fehlte die Weite des Wassers. Gleichzeitig wollte ich unbedingt, dass meine Frau die gleiche Erfahrung macht wie ich und weit weg von ihrem Heimatkanton lebt. In Kreuzlingen am Bodensee bei der Firma Neher AG, die eigentlich zum Alusuisse-Konzern gehörte, erhielt ich eine Stelle als Leiter des analytischen Labors. Dort mietete ich auch eine kinderfreundliche Viereinhalb-Zimmer-Wohnung und wir zogen Ende März 1985 dorthin. Die Umzugskosten bezahlte uns mein neuer Arbeitgeber. Für mich war es sehr wichtig, dass ich in der gleichen Pensionskasse blieb, sonst hätte ich viel Pensionsgeld verloren. Damals gab es nämlich die volle Freizügigkeit noch nicht. 1985 zog ich vom Wallis in den Kanton Thurgau um, weil ich in Kreuzlingen eine neue Stelle bekam und weil mir der Bodensee und die Landschaft um den Bodensee sehr gefielen. Mit den Menschen, die im Thurgau lebten, beschäftigte ich mich kaum, weil ich in meiner Naivität glaubte, dass in der Schweiz Schweizer leben, die der Eidgenossenschaft auch zugehören. Es ist mir entfallen, dass für einen Schweizer die kantonale Zugehörigkeit und sein Bürgerort essenziell sind. Ein Schweizer ist nur in seinem eigenen Kanton souverän und betrachtet alle Zugewanderten eines anderen Kantons ebenso wie die Ausländer als Fremde.

Die Firma Neher AG wurde zu dieser Zeit von Schweizern geleitet und fast alle Führungspositionen im Betrieb waren von älteren Schweizern besetzt. Die meisten Arbeiter dagegen waren Ausländer. Bei der Mehrzahl dieser Schweizerchefs handelte es sich um rigide Nationalisten. Sie konnten nicht akzeptieren, dass ein Ausländer wie ich so eine Position überhaupt bekommen hatte. Der Direktor der Firma war ein Schweizer, der sich als Arbeiterfreund sah. In der Firma gab es damals sogar Sozialarbeiter, die sich um die Sorgen der Arbeiter gekümmert haben. Die Schweiz hatte damals einen großen Mangel an qualifizierten Ingenieuren und hat intensiv vor allem in Deutschland Fachkräfte gesucht. Die SchweizerInnen, die mit mir in der Entwicklung arbeiteten, waren meistens angelernt. Da in der

Schweiz Fachkräfte fehlten, wurden Leute mit einem Lehrabschluss als Produktentwickler eingesetzt. Mit den Jahren haben diese ihre Aufgaben immer besser bewältigt. Als aber die Digitalisierung im Betrieb Einzug hielt, hatten sie Probleme, sich weiterzuentwickeln. Ihnen fehlte eine fundierte technische Ausbildung. Die Firma Alusuisse in Singen hatte ungefähr dreimal so viele Arbeiter wie die Neher AG. Jedes Mal, wenn wir aus Kreuzlingen nach Singen kamen, empfingen uns dementsprechend dreimal so viele Menschen, wie wir es waren. Die deutschen Ingenieure waren arrogant und überheblich und eines Tages entschied ich mich, ihnen eine Lektion zu erteilen. Wir haben von Singen Aluminiumfolie gekauft, welche wir in unseren Produkten verwendeten. Uns fiel aber auf, dass die Qualität der Aluminiumfolien immer schlechter wurde. Ich bat die Kollegen in Singen, uns die geprüften Daten an Aluminiumfolie für die letzten zwölf Monate zu schicken. Daraufhin habe ich die Daten statistisch bearbeitet und festgestellt, dass die schlechten Werte nicht vorhanden waren. Zu zweit gingen wir nach Singen. Dort haben uns sechs Singener erwartet. Der erste Satz von mir war: „Meine Herren hier wird gemogelt." Die deutschen Kollegen waren schockiert und erbost. Daraufhin stand ich auf und bewies ihnen, dass mit den erhaltenen Daten etwas nicht stimmt. Das verstanden sie und danach waren sie still und wir fuhren nach Hause. Es stellte sich heraus, dass irgendein Mitarbeiter die schlechten Daten angeblich einfach unterdrückt hatte. Dass die deutschen Ingenieure damals wie heute bereit waren zu mogeln, beweist der jetzige Abgasskandal der Autoindustrie. Wir arbeiteten sehr eng mit unserer Tochterfirma in Deutschland zusammen, wo fast alle technischen Gesprächspartner Ingenieure waren. Je älter die Schweizer Kollegen waren, desto mehr Probleme hatten sie im Umgang mit deutschen Ingenieuren, die ihre Kollegen waren. Dabei möchte ich erwähnen, dass fast alle Schweizer, welche ich in Kreuzlingen kennengelernt habe, gegenüber Deutschen sehr ablehnend, fast feindlich waren. Ich vermute, dass diese Ablehnung dadurch entstand, dass die Deutschschweizer Angst vor den vielen Millionen Deutschen hatten, welche ihre direkten Nachbarn sind.

Einige Arbeitskollegen wurden krank und starben relativ früh. Hier kann ich ein Beispiel bringen, wie die älteren Schweizer Mitarbeiter mit jüngeren Schweizern mit Migrationshintergrund umgegangen sind. Eines Tages standen zwei Polizisten in Zivil vor meinem Büro in der Fabrik. Sie wollten mit mir und meiner Tasche zu einer UV-Lampe gehen, welche sich in einem anderen Labor befand. Dort untersuchten sie meine Hände, meine Tasche und meinen Geldbeutel unter UV-Licht. Sie fanden Aufhellungen im Inneren meiner Handtasche. Darauf sagte ich, dass sich in meinem Labor mindestens ein Kilo dieser einen UV-Farbe befindet und diese Spuren nichts zu bedeuten haben, da wir damit arbeiteten. Später erfuhr ich, dass aus dem Schreibtisch eines älteren Schweizers ein paar hundert Franken gestohlen worden waren. Daraufhin hatte er die Polizei kontaktiert und diese behandelte ein paar neue Hundert-Franken-Scheine mit UV-Farbe und ließ sie in der Schreibtischschublade zurück. Die präparierten Scheine verschwanden über Nacht, worauf die Polizisten den Dieb suchten. Wie der Kollege auf die Idee kam, obwohl er in einem anderen Gebäude seinen Arbeitsplatz hatte, dass ich ihm angeblich Geld gestohlen hatte, erfuhr ich nie. Der Kollege erlitt nach ein paar Monaten einen Hirnschlag in seinem Büro und wurde krankgeschrieben. Ich habe ihn nur noch einmal in meinem Leben gesehen, und zwar zufällig auf der Straße. Er sah elend aus und sagte mir, dass er Leberkrebs habe und bald sterben werde. Trotzdem hatte ich kein Mitleid mit ihm. Meiner Meinung nach war seine Krankheit vor allem durch den Stress am Arbeitsplatz und seine Ablehnung der Fremden verursacht worden.

Während meiner 30-jährigen Tätigkeit im gleichen Betrieb, der mehrmals von anderen Konzernen übernommen wurde, erlebte ich unterschiedliche Arten von Arbeitsklima. Alle hatten etwas damit gemeinsam, dass zwischen den Abteilungen und den Menschen zahlreiche Konflikte bestanden. Manchmal herrschte ein richtiger Krieg. Das zerstörte sehr viel menschliche Substanz und hatte eine direkte Auswirkung auf die Gesundheit vieler älterer Kollegen. Ein Albtraum für Schweizer

Nationalisten in der Firma war es, als ein Deutscher als Leiter des Entwicklungslabors angestellt wurde. Er war mein direkter Vorgesetzter. Von ihm habe ich sehr viel gelernt. Der Leiter des Entwicklungslabors war damals eine Schlüsselposition bei der Neher AG, weil alle Entwicklungen und Reklamationen unter seiner Verantwortung standen. Mit seiner Machtposition und seinem Wissen war er eine echte Bedrohung für die älteren Schweizer Chefs. Mit ihnen musste er fast täglich buchstäbliche Kämpfe austragen. Das kostete ihn viel Substanz. Er bekam sehr früh einen Hirnschlag und wurde deshalb vorzeitig pensioniert. Nachdem mein Vorgesetzter krank geworden war, übernahm ich ad interim seine Aufgaben. Während der nächsten Jahre wurde ich Zeuge von Mobbing an älteren Mitarbeitern. Ihre Löhne wurden gekürzt, weil sie angeblich ihre Tätigkeit nicht mehr richtig ausüben konnten. Sie bekamen einen anderen Arbeitsplatz und weniger Lohn. Inzwischen sind sehr viele dieser alten Schweizer Garde im Ruhestand. Die Firma Alusuisse wurde einige Jahre später von Alcan, einem kanadischen Konzern, übernommen. Dadurch verbesserte sich das Arbeitsklima im Betrieb, weil internationale Konzerne darauf achten, dass keiner in der Fabrik diskriminiert wurde. Die Führungsetage wurde international besetzt. Ich wurde endlich Leiter des Entwicklungslabors und diese Schlüsselposition im Betrieb hat mir geholfen, mich persönlich weiterzuentwickeln. Ich erweiterte meine Fähigkeiten, Probleme zu erkennen, zu analysieren und nützliche Lösungsvorschläge zu unterbreiten. Einfach gesagt habe ich gelernt, richtig zu denken, und ich sah meine Aufgabe in der Firma darin, auch für viele andere mitzudenken. Es ist erstaunlich, wie viele Menschen nicht analytisch denken können, einen Text nicht richtig lesen und daraus nicht die angemessenen Schlüsse ziehen können. Viel Zeit verbrachte ich mit Sitzungen, bei denen man den Menschen erklären musste, was bereits verbrieft wurde. Ich hatte Mühe, wenn mehr als ein Schweizer am Tisch saß und mit mir über die Entwicklungen sprach. Ich hatte genug Probleme, schriftdeutsch zu schreiben und zu reden und wollte Schweizerdeutsch nicht lernen. Dadurch wussten die SchweizerInnen nicht, wie sie mit mir reden sollten, Hochdeutsch oder Mundart. Für viele SchweizerInnen ist Hochdeutsch eine Fremdsprache, die wenige gut beherrschen. Für mich war die Mundart eine Herrensprache, welche in jedem Kanton unterschiedlich ist. Ich habe verschiedene Schweizer Mundarten sehr gut verstanden, wollte sie aber nicht sprechen, weil die Menschen, welche andere Muttersprachen sprechen, sehr lächerlich klingen, wenn sie Mundart sprechen. Dies wollte ich mir ersparen. Die SchweizerInnen im Betrieb sahen mich nicht gerne als Leiter des Entwicklungslabors, aber sie brauchten meine Hilfe und mein Wissen. Sie konnten es nicht ertragen, dass ein neuer Schweizer ihnen sagte, was sie falsch machten. Schlussendlich mussten sie sich mit mir arrangieren.

Vor 35 Jahren entschied die NATO ihre vorhandenen Pläne zur Vernichtung Jugoslawiens umzusetzen. Mit Hilfe der blutrünstigen Nationalisten haben sie das in verschiedenen Bürgerkriegen mit vielen Toten in 11 Jahren geschafft. Es wurden sieben Staaten nach dem Zerfall Jugoslawiens gegründet. Sechs von diesen Staaten sind bereits NATO-Mitglieder, die NATO hat ihr Angriffsziel auf dem Balkan erfolgreich abgeschlossen.

Nach Jugoslawiens Zerfall 1991 wurde ich plötzlich staatenlos und war praktisch ohne Pass. Ich hatte Probleme, meine Geschäftsreisen in Europa zu tätigen, weil einige Länder ein Visum für die Einreise verlangten. Glücklicherweise wurden in der Schweiz im Jahre 1992 zum ersten Mal Mann und Frau juristisch gesehen gleichgestellt. Diese Gelegenheit nutzte ich sofort, um mich leichter einbürgern zu lassen. Nach meiner Einbürgerung im Februar 1992 wurde ich offiziell ein Oberwalliser. Im gleichen Jahr beantragte ich in Kroatien, das unabhängig wurde, ebenfalls einen Pass und erhielt diesen auch. Damit wurde ich plötzlich ein Doppelbürger. Die Zeit zwischen 1991 und 1996 war die schlimmste in meinem Leben. Vor den Bürgerkriegen waren Jugoslawen gern gesehene Gastarbeiter in vielen europäischen Ländern, ebenso in der Schweiz. Seit 1991 wurden alle Jugoslawen, egal welcher Nation sie angehörten, vor allem von SchweizerInnen als Jugos beschimpft. Für normale Menschen war es auch befremdlich zu verstehen, dass Nachbarn gegeneinander Kriege führen und sich gegenseitig umbringen. So viel Blutvergießen und Leid ist für keinen europäischen Bürger überhaupt vorstellbar. Diese Bürgerkriege, die nach Jugoslawiens Zerfall entflammt sind, haben mich emotional sehr mitgenommen. Plötzlich hatte ich auch eine Abneigung gegenüber den Balkanern, die so leichtsinnig und dumm ihre Zukunft mit Waffen pflastern.

Während meiner Arbeit in der Fabrik lernte ich, kreativ und selbstständig zu sein. Ich war in der Schweiz ziemlich einsam. Abgesehen von meiner Familie hatte ich kaum Kontakt zu anderen. Der Bürgerkrieg in Jugoslawien entfernte mich von den Balkanern und mit den Schweizern konnte ich mich nicht anfreunden, da sie offensichtlich Fremde als Menschen zweiter Klasse ansahen. Manchmal war es sehr schwer, dies zu ertragen. Wenn ich genug von den Schweizern hatte, reiste ich wochenlang, vor allem in karibischen Ländern. Danach hatte ich genug Kraft, um weiter zu funktionieren. Nachdem unser jüngerer Sohn sein Medizinstudium abgeschlossen hatte und an meinem Arbeitsplatz immer mehr Probleme auftauchten, entschied ich mich, in den frühzeitigen Ruhestand zu gehen. Das war ein Schock für meine Frau, weil sie sich damit nicht anfreunden wollte, dass ich plötzlich mit 59 Jahren frei geworden war. Ich bin stolz, dass ich in meinem Leben alles anders gemacht habe als ein typischer Schweizer. Ich wurde zuerst Vater und heiratete erst später. Ich ging studieren, schloss mein Studium ab und kam erst dann in die Schweiz, um zu arbeiten. Ich habe eine Immobilie gekauft mit einem Laden und zwei Wohnungen und achtete darauf, dass mein Haus sich selber finanziert. Heute ist diese Liegenschaft frei von Schulden. Letzten Endes ging ich mit 59 Jahren in den Ruhestand und wartete somit nicht die gesetzlichen 65 Jahre ab. Dies war nur möglich, weil das Schweizer Sozialsystem gut aufgebaut ist und perfekt funktioniert. Ich war dankbar, dass die klugen Schweizer damals, vor mehr als fünfzig Jahren, so einen Sozialstaat aufgebaut hatten. Ich bin überzeugt, dass sie sich damals nicht haben träumen lassen, dass auch Fremde, die in die Schweiz leben, so stark von diesem Sozialstaat profitieren werden. Diese Dankbarkeit gegenüber der Schweiz hält sich in Grenzen, weil ich der Meinung bin, dass ich durch meine Arbeit und meinen Einsatz viel selber dazu beigetragen habe. Plötzlich wurde ich ein Rentier. Meine Frau arbeitete, bis sie 64 Jahre alt wurde, und ich musste damals sehr viel Überzeugungsarbeit leisten, damit sie meinen früheren Ruhestand überhaupt akzeptierte. Wie alle anderen SchweizerInnen konnte sie nicht verstehen und nicht akzeptieren, dass ich plötzlich ein freier Mensch wurde. Das Beste daran war, dass ich durch den Bezug meiner Pensionskasse in meinen Augen plötzlich reich geworden bin. Darüber hinaus fühlte ich mich zum ersten Mal in meinem Leben wirklich als ein freier Mann. Finanziell war ich abgesichert, meine Kinder waren erwachsen und ich konnte tun und machen, was ich wollte. Eine Besonderheit an den Schweizern, die ich kennengelernt habe, ist, dass sie nicht freie Menschen sind. Sie sind nicht frei aufgrund ihrer Schulden und ihrer Abhängigkeit gegenüber dem Staat, ihren Banken und Arbeitgebern. Sie sind Milizsoldaten und bleiben ihr Leben lang Gefangene des Staates.

Anfang 2012 bis September 2018 habe ich damit verbracht, die Welt zu erkunden und mein erstes Buch zu schreiben. Ich war in über hundert Ländern dieser Erde. Die Weltreise hat mich als Menschen weitergebildet. 2017 habe ich anschließend mein Buch „Gedanken eines Gastarbeiters“ unter dem Pseudonym „Georg Milisa“ veröffentlicht. Dieses Buch können Sie auf Amazon käuflich erwerben. In diesem Buch habe ich meinen Abschied vom Balkan, von Menschen und Staaten beschrieben. Darüber hinaus habe ich meine persönliche Meinung über die dummen Nationalisten geäußert, die sich auf dem Balkan angesiedelt haben.

SCHWEIZ, DIE ICH LIEBE

Die Schweiz ist eine echte Konföderation. Sie besteht aus 26 Kantonen und ist seit Jahrhunderten neutral. Im Grunde genommen ist jeder Kanton ein Staat, der alle Merkmale eines Staates besitzt wie Justiz, Kantonspolizei als Militär, Steuern, Kantonsbank und Parlament. Ich habe verstanden, dass die SchweizerInnen eigentlich zuerst Thurgauer, Zürcher, Walliser usw. sind und erst danach SchweizerInnen. Diese kantonale Zugehörigkeit prägt die Menschen eines Kantons und die SchweizerInnen unterscheiden sich durch die Sprache, die Kultur, das Temperament, die Intelligenz, die Religion und das Vermögen. Manche dieser Kantone sind finanziell stärker als viele neue Staaten, die in Europa in den letzten 30 Jahren entstanden sind. In der Schweiz sind vier verschiedene Sprachen gleichberechtigt und die katholische sowie die protestantische Kirche erheben bei ihren Gläubigen Kirchensteuern. Während vor ca. 500 Jahren in Deutschland zwischen den Katholiken und den Protestanten ein 17-jähriger Glaubenskrieg herrschte, haben sich im gleichen Zeitraum Katholiken und Protestanten, die im Kanton Appenzell lebten, friedlich voneinander getrennt. Es entstanden zwei unabhängige Kantone. In einem lebten Katholiken, im anderen nur Reformierte. Dieses Beispiel zeigt, wie vernünftig die Eidgenossen im Mittelalter waren. Es ist ein Wunder, dass die Schweiz in den letzten 200 Jahren keine Kriege erlebt hat, und dies sollte alle SchweizerInnen mit Stolz erfüllen. Die Schweiz hat eine Verfassung, die dieses Jahr 175 Jahre alt wird. Die Schweizer Verfassung ist in Stein gemeißelt und weltberühmt. Es gibt sehr viele Länder, welche gern ebenfalls solch eine Verfassung hätten. Die Schweizer Bundesverfassung hat mich fasziniert, weil man dort nicht von Schweizern, sondern von Menschen spricht. Hier möchte ich einige Artikel der Verfassung zitieren:

Art. 1

Alle Menschen sind vor dem Gesetz gleich.

1. *Niemand darf diskriminiert werden, namentlich nicht wegen der Herkunft, der Rasse, des Geschlechts, des Alters, der Sprache, der sozialen Stellung, der Lebensform, der religiösen, weltanschaulichen oder politischen Überzeugung oder wegen einer körperlichen, geistigen oder psychischen Behinderung.*
2. *Mann und Frau sind gleichberechtigt. Das Gesetz sorgt für ihre rechtliche und tatsächliche Gleichstellung, vor allem in Familie, Ausbildung und Arbeit. Mann und Frau haben Anspruch auf gleichen Lohn für gleichwertige Arbeit.*
   Jede Person hat Anspruch auf Achtung ihres Privat- und Familienlebens, ihrer Wohnung sowie ihres Brief-, Post- und Fernmeldeverkehrs. 2 Jede Person hat Anspruch auf Schutz vor Missbrauch ihrer persönlichen Daten.
   Die Meinungs- und Informationsfreiheit ist gewährleistet. Jede Person hat das Recht, ihre Meinung frei zu bilden und sie ungehindert zu äußern und zu verbreiten. 3. Jede Person hat das Recht, Informationen frei zu empfangen, aus allgemein zugänglichen Quellen zu beschaffen und zu verbreiten.

Art. 4 Landessprachen

Die Landessprachen sind Deutsch, Französisch, Italienisch und Rätoromanisch.

Art. 7 Menschenwürde

Die Würde des Menschen ist zu achten und zu schützen.

Art. 8 Rechtsgleichheit

1. *Alle Menschen sind vor dem Gesetz gleich.*
2. *Niemand darf diskriminiert werden, namentlich nicht wegen der Herkunft, der Rasse, des Geschlechts, des Alters, der Sprache, der sozialen Stellung, der Lebensform, der religiösen, weltanschaulichen oder politischen Überzeugung oder wegen einer körperlichen, geistigen oder psychischen Behinderung.*
3. *Mann und Frau sind gleichberechtigt. Das Gesetz sorgt für ihre rechtliche und tatsächliche Gleichstellung, vor allem in Familie,*

Ausbildung und Arbeit. Mann und Frau haben Anspruch auf gleichen Lohn für gleichwertige Arbeit.
4. *Das Gesetz sieht Maßnahmen zur Beseitigung von Benachteiligungen der Behinderten vor.*

Art. 9 Schutz vor Willkür und Wahrung von Treu und Glauben

Jede Person hat Anspruch darauf, von den staatlichen Organen ohne Willkür und nach Treu und Glauben behandelt zu werden.

Art. 10 Recht auf Leben und auf persönliche Freiheit

1. *Jeder Mensch hat das Recht auf Leben. Die Todesstrafe ist verboten.*
2. *Jeder Mensch hat das Recht auf persönliche Freiheit, insbesondere auf körperliche und geistige Unversehrtheit und auf Bewegungsfreiheit.*
3. *Folter und jede andere Art grausamer, unmenschlicher oder erniedrigender Behandlung oder Bestrafung sind verboten.*

Art. 12 Recht auf Hilfe in Notlagen

Wer in Not gerät und nicht in der Lage ist, für sich zu sorgen, hat Anspruch auf Hilfe und Betreuung und auf die Mittel, die für ein menschenwürdiges Dasein unerlässlich sind.

Art. 13 Schutz der Privatsphäre

1. *Jede Person hat Anspruch auf Achtung ihres Privat- und Familienlebens, ihrer Wohnung sowie ihres Brief-, Post- und Fernmeldeverkehrs.*
2. *Jede Person hat Anspruch auf Schutz vor Missbrauch ihrer persönlichen Daten.*

In den Schulen wird den Schülern das Obligationsrecht beigebracht, aber die wichtigsten Artikel der Verfassung werden ihnen nicht offengelegt. Ich weiß nicht, warum das so ist. Gerade deswegen gibt es natürlich kein Verfassungsgericht in der Schweiz und das ist eine Besonderheit und für mich sehr befremdlich.

Die schweizerische Verfassung entstand damals 1848 aus Not, weil die Industrialisierung der europäischen Staaten einen wilden Kapitalismus zu Tage gebracht hat. Damalige schweizerische Kapitalisten waren nicht zimperlich gegenüber den Menschen, die für sie gearbeitet haben. Deswegen haben einige kluge Köpfe diese einzigartige Verfassung ersonnen. Die bewaffnete Neutralität der Schweiz hat mich immer inspiriert und fasziniert.

In der Schweiz lebten 2019 nach offiziellen Angaben ca. 8,5 Mio. Menschen. Die schweizerische Migrationspolitik wird durch die Gemeinden und die Kantone geprägt, während in einigen Kantonen über 80 % SchweizerInnen leben, ist dies in Großkantonen ganz anders.

Hier einige Bespiele: Im Kanton Genf lebten 2019 15 % SchweizerInnen, 45 % Alibi-SchweizerInnen und 40 % Ausländer. In Thurgau, einem anderen Grenzkanton, leben 60 % SchweizerInnen, 23 % Ausländer und 17 % Alibi-SchweizerInnen. In der Stadt Kreuzlingen dagegen leben 33 % SchweizerInnen, 17 % Alibi-SchweizerInnen und 50 % Ausländer.

Die einzige Kohäsion, die die Schweizer Kantone zusammenhält, sind die auf Bundesebene regierenden politischen Parteien CVP, FDP, SP und SVP, die fast in jedem Kanton vertreten sind. Die Politiker der regierenden Parteien werden ins kantonale und eidgenössische Parlament gewählt und sie bestimmen, welche Befugnisse von den Kantonen an die Eidgenossenschaft übertragen werden. Das sind Finanzen, Wirtschaft, Armee und Sport, Außenpolitik, Innenpolitik, Umwelt, Justiz und Polizei – und das Wichtigste: die Nationalbank. Die Eidgenossenschaft erhebt eine eigene Bundessteuer.

Die SchweizerInnen haben nach dem Zweiten Weltkrieg eine Altersvorsorge für alle Menschen, die in der Schweiz leben, aufgebaut. Die AHV wurde so konzipiert, dass jeder Arbeitnehmer und Arbeitgeber 5 % des Einkommens in diese Altersversicherung einbezahlt. Danach, mit 65 Jahren, bekommt jeder nach einer komplizierten, aber transparenten Berechnung eine Pension. Damit hat man soziale Gleichheit zwischen den Besserverdienenden und Schlechterverdienenden geschaffen. Diese AKV-Rente hat es ermöglicht, dass jede ältere Frau bzw. jeder Mann im Alter ein Einkommen erhält, egal wie lange und wie viel er oder sie in diese Versicherung einbezahlt hat. Jeder Mitarbeitende in der Schweiz muss seit einigen Jahren obligatorisch die sogenannte zweite Säule (Pensionsgeld) finanzieren, in die Arbeitnehmer und Arbeitgeber einen gewissen Prozentsatz des Einkommens einzahlen. Dieses Pensionskassengeld kann jeder bereits nach dem 58. Lebensjahr beziehen und damit hat man eine gewisse Flexibilität für die Arbeitnehmer geschaffen. Wenn man mit 58 bereits in Pension geht und nicht mehr arbeitet, muss man trotzdem in die AKV-Kasse Geld einzahlen, bis man 65-jährig ist. Darüber hinaus kann jeder persönlich die sogenannte dritte Säule aufbauen und das Geld sparen, einzahlen und von Steuern abziehen. Nachdem man in Pension ist und das Geld bezieht, muss man auf dieses Geld Steuern nachzahlen. Die Menschen in der Schweiz, die besser verdienen, können somit relativ früh in die Rente gehen. Dabei ist die AKV-Rente nur ein kleinerer Teil der Gesamtrente, die man bekommt. Diese Besonderheit findet man selten in anderen europäischen Staaten. Gerade diese Altersvorsorge ist meiner Meinung nach der größte Anreiz für alle Menschen, die in die Schweiz kommen, um dort zu leben und zu arbeiten. Gerade diese soziale Schweiz stört Schweizer Nationalisten stark. Sie sind der Meinung, dass Fremde in ihrem Land nicht die gleichen sozialen Rechte haben dürfen wie die SchweizerInnen selbst.

Die Schweiz hat eine wunderbare Infrastruktur aufgebaut. Schweizer Züge sind berühmt für ihre Pünktlichkeit und Sauberkeit. Bis vor 30 Jahren waren fast alle Angestellte der schweizerischen SBB SchweizerInnen. Damals waren die SchweizerInnen stolz auf ihre Züge. Heute, wo die Menschen mit Migrationshintergrund ihren Platz bei der SBB erhalten, hat sich in dem Betrieb der Züge kaum etwas verschlechtert. Die SchweizerInnen lieben in ihrem Land nur die Fremden, die dorthin als betuchte Touristen kommen. Die bringen Geld und wollen nicht für immer in der Schweiz bleiben. Die Fremden, die in der Schweiz arbeiten, werden als Menschen zweiter Klasse angesehen.

Die Schweizer Kantone als selbständige Staaten sind permanent miteinander im Wettbewerb, weil jeder Kanton versucht, mit eigenen Gesetzen Fremdkapital anzuziehen und dadurch den Standard der Menschen dort zu verbessern. Bereits vor fünfzig Jahren habe ich verstanden, dass die Schweizer, die in verschiedenen Kantonen leben, sich nicht unbedingt gernhaben. Ein Schweizer fühlt sich zuerst seinem Bürgerort und seinem Kanton zugehörig. In jedem anderen Kanton wird er als Fremder betrachtet und kann kaum enge Freundschaften mit Einheimischen schließen. Sie bleiben bis an ihr Lebensende Fremde in ihrem eigenen Land. Das ist sehr traurig. Die DeutschschweizerInnen befreunden sich kaum mit Welschschweizern und Tessinern und umgekehrt. Mischehen zwischen den Menschen der verschiedenen Kantone findet man selten, weil, wie bereits erwähnt, zum Beispiel ein Thurgauer nur in seinem Kanton ein Souverän und in anderen Kantonen immer ein Gast ist. Sehr interessant ist die Tatsache, dass die Anzahl der Parlamentarier eines Kantons aufgrund der Gesamtbevölkerung und nicht aufgrund der Anzahl derjenigen SchweizerInnen im Kanton selbst, welche das Wahlrecht besitzen, bestimmt wird. Da in den Schweizer Kantonen bedeutende Unterschiede hinsichtlich Bevölkerungsgröße und Finanzkraft vorhanden sind, werden die ärmeren Kantone durch ein kompliziertes Verteilsystem durch die reicheren Kantone subventioniert. Die Schweizer Kantone entwickeln sich dementsprechend sehr unterschiedlich. Während einige, vor allem landwirtschaftlich geprägte Kantone sich Richtung Amischi-Sekte entwickeln, versuchen die hochindustrialisierten und reichen Kantone (z. B. Zürich, Genf, Waadt, Bern) im 21. Jahrhundert zu bestehen. Die landwirtschaftlich geprägten Kantone möchten keine Fremden mehr akzeptieren. Andererseits brauchen die reichen Kantone möglichst viele Fremde als Arbeitskräfte. Deshalb bestehen große politische Spannungen in der Schweiz.

In der Schweiz gibt es sehr gute Restaurants, aber die sind auch sehr teuer. Früher haben die Schweizer Köche ein Restaurant aufgemacht und dieses dann als Chefköche geführt und ausschließlich davon gelebt. Heute ist das nicht mehr so, weil die Schweizer, die Geld haben, sich einen Wohnblock bauen und von Mieteinnahmen dann relativ gut leben können. Parallel dazu vermieten sie eigene Restaurants an Fremde und brauchen nicht mehr selbst zu arbeiten.

Alle Schweizer Schulen und Universitäten sind eigenständig. Die Schulbehörde bekommt eigene Steuergelder, die sie nach ihrem Gusto verwenden kann. Diese finanzielle Unabhängigkeit der Schulen von Staat, Kanton und Gemeinde ist meiner Meinung nach sehr wichtig. Deswegen haben die Lehrer in den Schweizer Schulen einen besonderen Status. Sie können von niemandem direkt beeinflusst werden. Was die Schulbehörde mit den Steuergeldern vor allem macht, ist, sich darum zu kümmern, dass ihre Lehrer eine gute Besoldung erhalten. Die Lehrer verdienen mehr als die Arbeiter in der Industrie und gleich viel wie die Beamten.

SCHWEIZ, DIE ICH NICHT MAG

Damit man die SchweizerInnen besser versteht, muss man sich mit ihrer Geschichte ein wenig beschäftigen. Die Bergschweizer waren bereits im Mittelalter Söldner und man kann sagen auch Straßenräuber, weil sie in ihren Kantonen auf den Straßen nach Rom Durchgangszölle verlangt haben. Söldner waren im Mittelalter Soldaten, die man für eigene Zwecke anheuern kann und deren Kriegsführung bezahlt wird. In der Schweiz des 20. Jahrhunderts haben die Schweizer Kapitalisten und Banker den politischen Ton angegeben. Man hat sogar einmal für eine 1.-Mai-Demonstration die Soldaten gegen die demonstrierenden SchweizerInnen geschickt. Diese Liebe zum Geld und zum Kapital wurde in der Schweiz regelrecht zelebriert. Die reformierten SchweizerInnen sind diejenigen, die mit Bankgeschäften, Tourismus und Industrialisierung angefangen haben. Dies war nur in reformierten Kantonen wie Zürich oder Genf möglich, wo diese gewohnt haben. In den katholischen Kantonen war dies am Anfang nicht so ausgeprägt und die Menschen wurden so erzogen, dass sie mit wenig Essen, mit wenig Komfort leben sollen, das heißt, Armut war etwas Positives. Diese neuen Kapitalisten wollten die Schweiz so behalten, wie sie ist, und da viele Schweizer anfangs des 20. Jahrhunderts begonnen haben, die Schweiz zu verlassen, hat man beschlossen, in jedem Bergdorf eine Kirche zu bauen, damit die Leute nicht abwandern. Man hat auch angefangen, den Menschen in diesen Dörfern mit Arbeit zu helfen. Mit anderen Worten haben die SchweizerInnen nicht immer so gut gelebt, wie sie heute leben. Diesen Reichtum und Wohlstand haben sie vor allem fremdem Kapital und fremden Arbeitern, die in diesem Land geschuftet haben, zu verdanken. Die ersten Tunnel und Eisenbahnstrecken in Bergkantonen haben italienische Arbeiter geschaffen. Es ist wahr, Geld und Wissen kamen von den Schweizern, aber ohne die vielen Toten, die in Simplon und in vielen anderen Tunneln in der Schweiz ihr Leben gelassen haben, wäre das nicht möglich gewesen. Diese Menschen durften jahrelang in der Schweiz arbeiten, aber sie durften ihre Familien nicht in die Schweiz bringen, weil, wie bereits erwähnt, die einzigen Ausländer, die die SchweizerInnen lieben, betuchte Touristen sind. Alle Arbeitenden waren für die Schweizer Menschen zweiter Klasse. Sie wurden damals in der Schweiz nur geduldet, solange sie gesund waren und arbeiten konnten. Nach dem Krieg hat man in der Schweiz den Status Saisonier auf die Beine gestellt. Auch diese Menschen durften keine Familien, keine Kinder in die Schweiz holen und wurden regelrecht von den Schweizer Kleinkapitalisten ausgebeutet. Man muss sich das so vorstellen: Wenn ein Saisonier kam, musste er in diesen wenigen Monaten, in denen er gearbeitet hat, sehr viel schuften, um sicher sein zu können, dass er im nächsten Jahr wieder dort beschäftigt würde. Denn die Arbeitgeber bestimmten, wer kam und wer nicht. Damit man keine Tuberkulose in die Schweiz importierte, wurde jedem Saisonier jedes Mal vor der Einreise mit dem Röntgengerät die Lunge kontrolliert. Für einige Schweizer im Kanton Thurgau ist dieser Saisonier-Status, obwohl er vor 30 Jahren abgeschafft wurde, noch immer gültig. Auf den Feldern in Thurgau arbeiten die polnischen und rumänischen Saisoniers noch immer.

Die Schweizer, vor allem die Deutschschweizer, sind und waren Antisemiten und während des Zweiten Weltkriegs war die Schweiz quasi ein Verbündeter der Nazis. Sie haben einen regen wirtschaftlichen Kontakt mit Nazi-Deutschland gehabt und haben sehr viele Juden zurück nach Deutschland praktisch ins Konzentrationslager geschickt. In der Schweiz wird die nationale Fußballmannschaft auch heute Nazi-Team genannt. Einige Mediziner, die in kantonalen Psychiatrien gearbeitet haben, haben an ihren Patienten Versuche gemacht, ähnlich wie Dr. Mengele in Konzentrationslagern in Nazi-Deutschland. Dieses verbrecherische, menschenverachtende Vorgehen wurde von damaligen und heutigen rechten Schweizer Politikern versteckt und praktisch gebilligt. Tatsache ist, dass zumindest einige dieser Ärzte auch Jahrzehnte nach dem Zweiten Weltkrieg weiter ihre Macht über Patienten ausübten.

Die Schweizer Banken waren ein sicherer Ort für Mafiabosse und Diktatoren aller Art, die ihre Gelder, ihr Gold und ihre Diamanten in die Schweiz brachten. Die bekannten Kontonummern sind eine Schweizer Erfindung und haben bei allen Kriminellen auf dieser Erde großen Eindruck gemacht. Vor einigen Jahren wurde auf Druck der amerikanischen Juden von Schweizer Banken eine Schadenssumme gezahlt, weil diese sehr viel Gelder von in Deutschland umgebrachten Juden einfach vergessen haben. Die Schweizer Banken tun nichts, wenn ein Konto über Jahrzehnte keine Bewegung aufweist, um die Besitzer oder die Erben zu finden. Es gibt da noch eine Besonderheit der Schweizer Kantone: Relativ viele Firmen mit zweifelhaftem Ruf auf der internationalen Bühne finden Zuflucht in verschiedenen Schweizer Kantonen, die sie mit niedrigen Steuern auf ihre Gewinne ködern. Man vermutet heute circa 200 Milliarden Schweizer Franken, welche die Russen heute noch immer in der Schweiz besitzen.

Die Schweizer Banker und Politiker reagieren nur auf Druck aus dem Ausland, weil alles, was sie machen, von der Schweizer Justiz nicht angeklagt wird. Auf den Druck aus Deutschland und aus den USA und durch die gezielte Spionage in Schweizer Banken wurden die Schwarzgeldkonten von allen Ausländern plötzlich bekannt. Das hatte für die Schweiz große finanzielle Konsequenzen. Heute sind in eine Bank, die vor 15 Jahren fast Konkurs gegangen ist, die Chinesen eingestiegen und sitzen im Verwaltungsrat. Die zweite Bank, die kürzlich auch fast Bankrott gegangen wäre, wo aber der Staat und die Nationalbank geholfen haben, wurde meiner Meinung nach durch die amerikanischen Hedge-Fonds zugrunde gerichtet. Diese Hedgefonds setzen auf fallende Kurse und dadurch verursachen sie Geldfluktuation in den Banken und kurzfristig die Insolvenz der Bank. Die schlecht ausgebildeten Verwaltungsräte der Bank, die aufgrund ihrer Parteizugehörigkeit dorthin gekommen sind und nicht, weil sie etwas wissen, sind die Hauptschuldigen dafür, dass die beiden Banken fast Konkurs gegangen sind. Dabei haben auch viele Schweizer sehr viel Geld verloren, und das wird politische Konsequenzen nach sich ziehen.

Vor einigen Jahren hat der Bund dem Kanton Thurgau Subventionen für die Förderung von Photovoltaikanlagen zugesprochen. Es wurde ein Wettbewerb ausgeschrieben, und wie es dort stand, konnte sich jeder anmelden und für sein Haus Fördergelder anfordern. In Wirklichkeit wurden die Gelder, bevor sie überhaupt angekommen sind, unter den politischen Parteien verteilt; der Schlüssel waren die prozentualen Anteile, die eine Partei bei den letzten Wahlen bekommen hat. Die Parteien selbst haben entschieden, wer in ihren Reihen Subventionen bekommen soll. Heute findet man auf fast jedem Bauernhof des Kantons Thurgau eine Scheune, die mit Solarpanelen gepflastert ist. Die Thurgauer Bauern sind jetzt auch plötzlich Stromerzeuger geworden. Die Schweizer Bauern sind in der Schweiz so heilig wie die Kühe in Indien. Die Bauern bekommenen Steuergelder ausbezahlt, damit sie ihr Land nicht bewirtschaften, sondern als Landschaftsgärtner tätig sind. Dabei ist zu beachten, dass die Fremden, die ärmste Kaste in diesem Land, durch die Steuergelder die reichste Kaste finanzieren, und das sind die Schweizer Bauern. Sapienti sat. Es gibt unzählige Beispiele, die belegen, dass eine Minderheit in der Gesamtbevölkerung die gesamte politische Macht an sich gezogen hat.

Die Justiz in der Schweiz ist sehr einfach zu erklären. In der Schweiz müssen z. B. alle Richter und Staatsanwälte auf allen Ebenen – Gemeinde, Kanton und Bund – Mitglieder der schweizerischen politischen Parteien sein. Die Richter- und Staatsanwälte-Kandidaten werden von Parteien nominiert und auf die Listen gesetzt. Danach entscheidet das Stimmvolk, wer ein Richter oder Staatsanwalt sein wird. Alle Parteien schlagen Personen vor, die bereit sind, Kompromisse einzugehen. Die Kandidaten werden von den Wählern danach bestätigt. Dadurch akzeptieren alle politischen Parteien diesen Kandidaten. Auf der anderen Seite kann man das auch so sehen, dass die politischen Parteien praktisch Arbeitgeber von Staatanwälten und

Richtern sind. Darüber hinaus müssen die Richter und Staatsanwälte alle fünf Jahre zur Wiederwahl kandidieren. Jedem Staatsanwalt und jedem Richter ist klar, dass er die Mitglieder der politischen Parteien nicht anklagen beziehungsweise verurteilen darf. Jeder, der die Gewaltentrennung eines Staates kennt, muss zugeben, dass dies eine peinliche Konstellation ist. Tatsache ist, dass die Staatsanwälte und Richter die Parteimitglieder der Schweiz, welche sie gewählt haben, als Arbeitgeber betrachten. Sie werden sich hüten, etwas gegen ihre Arbeitgeber zu unternehmen.

Die Schulbildung in der Schweiz ist wie in vielen anderen westlichen Ländern meiner Meinung nach mangelhaft. Die Schüler lernen am Ende ihrer Ausbildung oder des Gymnasiums alles Notwendige, was ein Arbeiter bzw. Angestellter wissen muss. Leider kommt die Kreativität im gesamten schweizerischen Schulprogramm zu kurz. Die kreativen, frei denkenden Menschen kommen nicht aus den Schweizer Schülern. Sie werden zu guten Arbeitern und Verbrauchern erzogen. Heute sieht man auf allen Ebenen in der Schweiz ein Manko an jungen, motivierten, gut ausgebildeten Arbeitskräften. Bereits die Schweizer Armee muss ihre Programmierarbeiten im Ausland vergeben. Ein Mangel an Informatikern und Internet-Spezialisten ist offensichtlich. Die schweizerische Schulbehörde hat einen Einstieg in die Welt des Internets verschlafen. Die Folgen davon werden sich in den nächsten Jahrzehnten zeigen.

Ich habe erlebt, dass überall dort, wo ein Schweizer über die Angelegenheiten eines Alibischweizers entscheidet, er dies zu deren Ungunsten tut, z. B. Agenten mit den Prämien, Bankangestellte mit dem lieben Geld, Krankenkassen mit den Leistungen, die gemeinen Handwerker mit überhöhten Rechnungen. Noch etwas ist sehr beunruhigend in der Schweiz: Wenn eine ausländische Firma sich in irgendeinem Bereich – sei es Versicherung, sei es Handynetz, sei es Lebensmittelverkauf – etablieren möchte, ist sie gezwungen, die hohen Preise der Schweizer Anbieter nicht zu unterbieten. Damit hat man den freien

Markt praktisch abgeschafft. Dieses kartellähnliche Verhalten wird nur in der Schweiz geduldet, weil die Justiz nicht ihre Arbeit macht. In den letzten zehn Jahren wurden auf dem internationalen Markt einige Preisabsprachen zwischen den großen Konzernen entlarvt. Und siehe da, bei jedem von diesen war eine, wenn nicht zwei Schweizer Firmen dabei. Das, was international ungesetzlich ist, wird sofort bestraft und in der Schweiz gibt es niemanden, der das sehen will.

Diese Tatsache führt dazu, dass immer mehr Menschen in der Schweiz sich nicht mehr wohlfühlen.

MENSCHEN IN DER SCHWEIZ

Grundsätzlich sind in der Schweiz ebenso wie in sogenannten demokratischen, westlichen Staaten drei Kasten vorhanden. Die erste Kaste sind die Maharadschas, denen circa 4 % der SchweizerInnen angehören und die 90 % des Vermögens, des Bodens, der Aktien und der Banken besitzen. Die Maharadschas kann man im öffentlichen Leben normalerweise nicht sehen. Man weiß nicht, wer genau sie sind, und die Presse wird sich nie trauen, diese Menschen in der Schweiz aufzuspüren. Sie bleiben meistens ihr Leben lang in Anonymität und dann, wenn einer von ihnen stirbt, wird mit dessen Vermögen eine Stiftung gegründet, damit der Reichtum von diesem Maharadscha in der Stiftung bleibt und an niemanden verteilt wird.

Die zweite Kaste kann man als Möchtegern-Maharadschas betiteln. Das sind circa 30 % der schweizerischen Bevölkerung und die einzige Aufgabe von dieser Kaste ist es, den Reichtum der Maharadschas zu verteidigen, zu vermehren und zu hoffen, dass irgendjemand aus dieser Kaste irgendwann zum Maharadscha aufsteigt. Das sind vor allem Politiker, Militärpolizisten, Beamte auf allen Ebenen von der Gemeinde über den Kanton bis zum Bund, Bundesbeamte und alle Manager der staatlichen Betriebe.

Die dritte Kaste sind die Untouchables (Unberührbaren) und das ist die größte Gruppe, weil sie den gesamten Rest der Bevölkerung in der Schweiz beinhaltet. Sie haben keine Rechte, sondern nur Pflichten und helfen durch ihre Arbeit und durch ihre Zahlungen in die Altersversorgung, die Pensionskasse und die Krankenkasse. Sie werden zum Teil Schweizer Soldaten und werden dort vielleicht eines Tages die Schweiz verteidigen. Ich weiß nicht, wie man im 21. Jahrhundert einen Soldaten, der in seinem Staat keine politischen Rechte besitzt, dazu motivieren kann, für dieses Land zu kämpfen.

Gemäß den Daten des Bundesamtes für Statistik lebten per Ende 2017 in der Schweiz circa 8,5 Millionen Menschen, davon circa 40 % Schweizer, circa 20 % Alibischweizer und circa 40 % Ausländer. In den letzten vier Jahren wurden die Daten des Bundesamtes für Statistik betreffend Demografie für die Öffentlichkeit nicht publik gemacht. Dies ist eigentlich verfassungswidrig.

Die SchweizerInnen sind eine Population, die immer älter wird, 60 % der SchweizerInnen sind älter als 60 Jahre. In der Schweiz leben zurzeit nur circa 3,2 Millionen SchweizerInnen. Das Schweizer Sozialleben findet in Vereinen statt. Die Vereine können z. B. Parteien sein und sind Eigentum der Mitglieder. Nur die Mitglieder können einem erlauben, einem Verein beizutreten. Durch diese Tatsache halten die SchweizerInnen alle Fremden auf Distanz und isolieren sich zunehmend von fremden Menschen. Die SchweizerInnen gründen Golfclubs, Jachtclubs, Chöre, Sportvereine, wo sie praktisch die einzigen Mitglieder sind. In den Städten entstehen Wohnviertel, in denen ausschließlich Fremde angesiedelt sind, und ebenso gibt es Quartiere, wo nur SchweizerInnen leben. In manchen Großstädten betrifft das ganze Siedlungen, in denen ausschließlich die Fremden in billigen Wohnungen hausen. In Quartieren, wo ausschließlich SchweizerInnen leben, kann ein Fremder kaum eine Immobilie erwerben oder mieten.

Ich habe zwei Arten von Schweizern erlebt. Die erste Gruppe sind die Schweizer, die eine höhere Ausbildung absolviert haben, z. B. Anwälte und Lehrer. Diese Menschen sind arrogant, selbstverliebt und Besserwisser, vor allem im Umgang mit den Fremden in diesem Land. Die Mehrheit der Schweizer hingegen ist neidisch und kann nicht akzeptieren, dass einige Fremde besser leben als sie selbst. In ihrer Logik kann es nicht sein, dass ein Fremde besser lebt als ein Schweizer. Diese Menschen sind so krankhaft neidisch, dass sie ihre gute Pension nicht genießen können, nur weil der Nachbar, der ein Fremder ist und gleiche Arbeit geleistet hat, auch eine gleich hohe Pension erhält. Mir ist aufgefallen, dass in den letzten zwanzig Jahren SchweizerInnen auf alle Fremden mit Abneigung und Arroganz reagierten. Je mehr Ausländer in die Schweiz einreisten, desto diskriminierender benahmen die SchweizerInnen sich ihnen gegenüber. In meinen letzten Berufsjahren war dies sogar in meiner Firma deutlich bemerkbar, vor allem deswegen, weil beinahe alle Chefs Fremde und somit keine Schweizer waren.

Es ist kein Wunder, dass die Schweiz eines der letzten Länder auf der Welt ist, das den Frauen das Wahlrecht gab. Während die Schweizer die Schweiz regierten, wurden sie zu Hause von ihren Frauen zu Recht regiert. Alles, was in einem Haushalt oder in einem Leben wichtig war, wurde von den Frauen entschieden, wie z. B. die Anzahl der Kinder, der Wohnort, das Essen usw. Meine Frau hat die Kinder erzogen, ich musste essen, was auf den Tisch kam, und nur in einem Punkt konnte ich mich durchsetzen. Ich wollte, dass meine Söhne sportlich werden und dass sie eine gute akademische Ausbildung bekommen. Das erreichte ich. Die Schweizer Frauen lernten von ihren Müttern, Sex als Waffe zu benutzen, und das wenden sie immer wieder an. Dies war meiner Meinung nach einer der Gründe, warum die Schweizer den Frauen so spät das Stimmrecht gaben. Der zweite Grund dafür, weshalb die Schweizer erst 1992 den Verfassungsartikel über die Gleichstellung von Mann und Frau im Gesetz umgewandelt haben, ist die Befürchtung, dass die Fremden Schweizer Böden, Schweizer Wälder, Schweizer Höfe etc. erben oder kaufen können, und die Schweizer Nationalisten sind heute noch darauf programmiert, dies mit jedem Mittel zu unterbinden.

Die ländlichen Schweizer Kantone sind noch immer sehr patriarchalisch geprägt. Ich werde es an einem Beispiel erläutern: In einem Dorf lebte eine Schweizer Familie mit einem Sohn und zwei Töchtern. Der Vater arbeitete in der Fabrik und hat parallel dazu Landwirtschaft und Schafzucht betrieben. Durch die harte Arbeit und die Mitgift der Ehefrau konnten sie ein Zweifamilienhaus auf einem relativ großen Grundstück bauen.

Beide Töchter waren älter als ihr Bruder und beide wurden bereits mit 16 Jahren von zu Hause weggeschickt, um eine Lehre zu absolvieren. Dort haben sie mit der Zeit je einen Mann gefunden und ihre eigene Familie gegründet. Der Bruder hat eine Lehre bei einem staatlichen Betrieb angetreten, die er in vier Jahren absolvierte, und erhielt natürlich einen Posten im eigenen Dorf. Er lebte in der zweiten Wohnung im Hause und bezahlte einen symbolischen Betrag an Miete. Später heiratete er und gründete seine eigene Familie. Inzwischen starb sein Vater und die Mutter erbte das Haus und den landwirtschaftlichen Boden sowie, selbstverständlich, das Ersparte und die hinterbliebene Pension des verstorbenen Ehemannes. Der Sohn hat sich um das Haus gekümmert, aber alle Kosten wurden von der Mutter übernommen. Dreißig Jahre später starb auch die Mutter. Was danach passierte, zeigt, wie einfach die Schweizer das geltende Gesetz, dass Mann und Frau juristisch gesehen gleichgestellt sind, umgehen. Der Sohn gab eine Schätzung des Hauses bei seinem Parteifreund, einem Architekten, in Auftrag. Dieser erstellte eine Schätzung als Experte, die mindestens viermal tiefer war als der tatsächliche Wert des Hauses. Ein zweiter Parteifreund war ein Notar, der die Erbschaft abwickelte. Die Töchter haben nie erfahren, wie viel Geld ihre Mutter erspart hatte, und haben sich damals einverstanden erklärt, das Haus ihrem Bruder zu hinterlassen. Jede Tochter erhielt eine kleine Summe Geld dafür und dieses Geld stammte, wie sich später herausstellte, aus dem Ersparten ihrer Mutter. Am Ende erhielt der Sohn das Haus und den Boden sowie einen Großteil des Ersparten seiner Mutter und die Schwestern wurden mit Almosen getröstet. Dies wurde von Amtspersonen durchgeführt, welche genau wussten, dass sie etwas Ungesetzliches tun. Einer der Gründe, warum sie dies mitgemacht haben, ist die Tatsache, dass sie keine Konsequenzen von der Schweizer Justiz zu erwarten hatten. Ein zweiter Grund dafür war, dass sie dafür gut entlohnt wurden. Der dritte Grund war ihre Überzeugung, dass kein Fremder und kein Schweizer aus den anderen Kantonen in ihrem Dorf Boden von einem Schweizer erben dürfen.

Leider habe ich in der Schweiz keine richtigen Eidgenossen kennengelernt. Die Eidgenossen sind mutiert und ich habe in den letzten fünfzig Jahren eigentlich nur Neidgenossen und Meineidgenossen kennengelernt. Fast alle SchweizerInnen sind Neidgenossen und sie beneiden alle fremden Menschen in der Schweiz, die besser leben als sie selbst. Sie empfinden die Tatsachen, dass viele Fremde, die in die Schweiz gekommen sind, Intellektuelle sind und durch ihr Wissen auch relativ viel Geld verdient haben, als physischen Schmerz. Die Meineidgenossen sind diejenigen, die den Gesetzen und der Verfassung dieses Staates nicht folgen und die ihre Steuern an Gemeinde, Kanton und Bund nicht ehrlich bezahlen. In meinen Augen sind diese Menschen kriminell. Jeder, der nicht ehrlich die Steuern an Gemeinde, Kanton und Bund bezahlt, sollte keine politischen Ämter ausüben. Ich kenne einige Schweizer, die in Kreuzlingen leben, die nie in Konstanz waren, um etwas zu kaufen oder einen Kaffee zu trinken. Ich habe Schweizer kennengelernt, die richtig krank werden, wenn jemand etwas Kritisches über die Schweiz oder über die Schweizer Politiker äußert. Diese Menschen leiden Qualen dadurch, dass man die Wahrheit über die schweizerische Demokratie äußert.

In der Schweiz leben zurzeit einige Tausend SchweizerInnen, die weder Steuern noch Krankenkasse noch irgendwelche Rechnungen bezahlen. Bei denen ist jede Woche ein Betreibungsbeamter zuhause, aber er kann einfach nichts pfänden, weil die besagte Person ein Minimum an Möbeln besitzen darf. In Deutschland sind in der letzten Zeit Reichsbürger ein Thema geworden und es ist auch polizeilich bekannt, dass es in der Schweiz ebenfalls Reichsbürger gibt. Deshalb muss ich davon ausgehen, dass die vorhin erwähnten Schmarotzer eigentlich Reichsbürger sind. In Deutschland wurden Reichsbürger bis vor einem Jahr in Ruhe gelassen und deswegen ist diese Gruppierung so gewachsen, dass sie heute über 50 000 Mitglieder hat. Ich bin der Meinung, dass die Schweizer Behörden die gleiche Härte gegenüber den Schmarotzern in der Schweiz zeigen müssen, ansonsten werden die noch ungemütlich.

Die AlibischweizerInnen sind alle SchweizerInnen mit Migrationshintergrund. In der Schweiz leben zurzeit circa 1,8 Millionen AlibischweizerInnen. Ich nenne sie AlibischweizerInnen, weil sie weder volle politische noch bürgerliche Rechte von den Gemeinden erhalten haben. Die SchweizerInnen mit Migrationshintergrund sind diejenigen, deren Elternteile einen Migrationshintergrund haben, weiterhin Asylanten, welche eingebürgert wurden, und natürlich die Ausländer, welche die Einbürgerungsbedingungen lückenlos erfüllt haben. Schweizer DoppelbürgerInnen besitzen neben einem Schweizer Pass noch mindestens einen ausländischen Pass. Sie wurden in der Schweiz regulär eingebürgert, das heißt, sie haben das gesamte Prozedere einer Einbürgerung in der Schweiz erfolgreich absolviert. Eine interessante Gruppe der AlibischweizerInnen sind reiche Familien, ein- bis zweitausend, die in die Schweiz gekommen sind, um weniger Steuern zu bezahlen. Sie wurden von Gemeinden eingebürgert und sie kauften sich ein Anwesen. Gleichzeitig wurde ihnen mitgeteilt, dass sie sich in der Schweiz nicht politisch engagieren dürfen. Diese Rendite-Alibischweizer, wie ich sie nenne, hätten genügend Geld für die Unterstützung der Partei der Secondi, aber sie dürfen sich nicht politisch engagieren. Die AlibischweizerInnen kommen aus sehr unterschiedlichen Staaten. Sie glauben an viele verschiedene Religionen, ihre Muttersprachen sind unterschiedlich und das Einzige, was diese vielen Menschen verbindet, sind nur der Schweizer Pass und die verfassungsrechtliche Pflicht, sich an der Schweizer Politik zu beteiligen. Die AlibischweizerInnen sollten meiner Meinung nach rechtlich gesehen alle Rechte, nicht nur Pflichten wie die SchweizerInnen haben. Nur ca. 2 % der AlibischweizerInnen nimmt z. B. an Nationalratswahlen teil. Der Hauptgrund dafür, warum das so ist, besteht in der Tatsache, dass die AlibischweizerInnen keinen Platz in der schweizerischen Politiklandschaft gefunden haben. Obwohl sie Schweizerbürger sind, haben sie leider nicht die gleichen Rechte, wie die Schweizer, z. B. können sie ihre politische Meinung nicht frei vertreten, dürfen keinen Bauernhof erwerben und haben nicht die gleichen Bürgerrechte in ihren Heimatorten wie die Schweizer. 70 % der AlibischweizerInnen sind jünger als 60

Jahre. Es gibt noch einen gravierenden Unterschied zwischen den SchweizerInnen und den AlibischweizerInnen. Wie bereits erwähnt, sind die SchweizerInnen primär ihrem Bürgerort und ihrem Kanton zugehörig und verbunden; dagegen haben die AlibischweizerInnen weder einen direkten Bezug zum Bürgerort noch zum Kanton, in welchem sie leben. Sie fühlen sich dem Bund verbunden, weil die Bundesgesetze die Kantone gezwungen haben, die Fremden einzubürgern. Die AlibischweizerInnen wurden während des Einbürgerungsprozesses eingeschüchtert und ihnen habe Schweizer Nationalisten, welche im Einbürgerungskomitee sitzen, eingeprägt, dass sie ihre Bürgerrechte so leicht verlieren können, wie sie diese erworben haben, was eigentlich eine gemeine Lüge ist. Die Gruppe der AlibischweizerInnen findet man sehr selten in der Führung der politischen Parteien, in Parlamenten, in Regierungen, in Verwaltungen des Militärs oder unter den Polizeikommandanten, obwohl sie mindestens so gut ausgebildet sind wie die Schweizer. Der einzige Grund, warum das so ist, besteht in der Tatsache, dass die politischen SchweizerInnen nicht wollen, dass die AlibischweizerInnen sich am politischen Leben in der Schweiz beteiligen. Mit allen legalen und illegalen Mitteln setzen sie alles daran, die AlibischweizerInnen politisch zu neutralisieren. Über 60 % der AlibischweizerInnen haben eine akademische Ausbildung und sind deutlich qualifizierter als viele SchweizerInnen. Die AlibischweizerInnen bezahlen deutlich mehr Steuern als die SchweizerInnen. Sie werden selten statistisch erfasst, aber durch ihre Hautfarbe, ihre Rasse und ihre exotischen Nachnamen sind sie leicht zu erkennen. In den Augen der SchweizerInnen, welche in der Schweiz die Macht besitzen, zu entscheiden, wer an welchen Posten kommen soll, sind alle AlibischweizerInnen suspekt. In anderen Ländern nennt man das Diskriminierung und Rassismus. In der Schweiz sollten die Politiker endlich begreifen, dass die AlibischweizerInnen die Zukunft der Schweiz sind und dass sie unbedingt sehr schnell in die Politik dieses Landes eingeführt werden sollten. Wir haben ein in Europa nicht bekanntes Phänomen, dass die Schweizer die Alibischweizer systematisch von Politik, Macht, Verwaltung, Gemeinde, Kanton und Bund fernhalten.

Die Ausländer, die in der Schweiz leben, haben unterschiedliche Aufenthaltsbewilligungen und besitzen überhaupt keine politischen Rechte. In der Schweiz leben zurzeit circa 3 Millionen Ausländer. Sie stammen mehrheitlich aus der EU, aber es gibt Vertreter von über 100 verschiedenen Nationen dieser Erde. Das soziale Leben der Ausländer findet auch in Vereinen statt. Die Ausländer gründen ihre eigenen Vereine, wo sie sich treffen können, und sie bestimmen selbst, wer Mitglied in ihrem Verein sein darf. Ihre Vereine dürfen nicht politisch orientiert seinen, sondern dienen dazu, die eigene Kultur und Sprache aufrechtzuerhalten. Diese Menschen leben in einer Parallelwelt und interessieren sich kaum für die Schweizer Politik. Sie beherrschen selten eine der vier offiziellen Landessprachen. Ich habe noch nie erlebt, dass ein Schweizer ein Mitglied eines Ausländervereins geworden ist und umgekehrt. Viele Ausländer sind in die Schweiz gekommen, um Geld zu sparen und dann möglichst schnell wieder in ihre Heimatländer zurückzukommen. Leider sind bei einigen die Kriege dazwischengekommen und jetzt können sie nicht mehr zurück in ihre ehemalige Heimat und deswegen müssen sie in der Schweiz vegetieren. Da sie immer wenig verdient haben, haben sie auch im Alter Probleme, ihren Lebensunterhalt selbständig zu finanzieren. Die Kinder der Ausländer in der Schweiz werden meistens einfach Arbeiter wie ihre Väter und ihre Mütter und einen sozialen Aufstieg schaffen sie nie. Es ist noch wichtig zu sagen, dass dadurch, dass sowohl Frau als auch Mann gearbeitet haben, einige Ausländer zu einem gewissen Wohlstand in der Schweiz gekommen sind. Diese Menschen haben in Schichten gearbeitet, damit sie ihre Kinder betreuen können, und diese Schichtarbeit hat bei diesen Menschen gesundheitliche Spuren hinterlassen.

Das hat eine große Auswirkung auf viele SchweizerInnen, die keinen passenden Lebenspartner finden können. Eine Vielzahl dieser Menschen bleibt lieber ein Leben lang alleine, als einen Fremden, der ihr Nachbar ist, zu heiraten.

PARTEI DER SECONDI

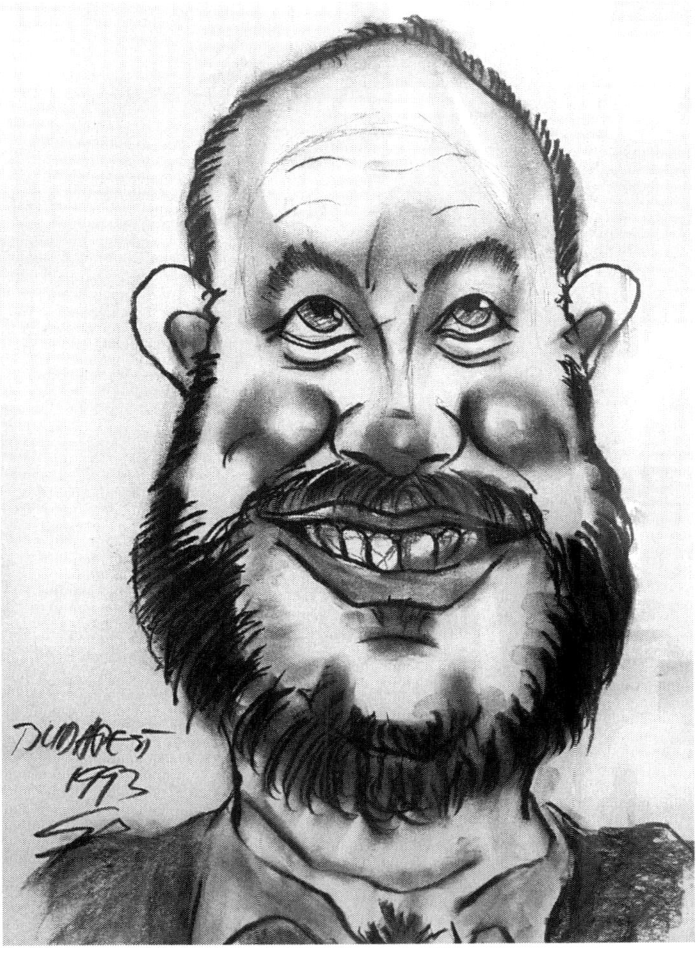

All diese Tatsachen haben mich bewogen, über die Gründung einer neuen Partei in der Schweiz nachzudenken. Eine Tatsache, die auffällt, wenn man die schweizerische politische Szene betrachtet, ist, dass die starke politische Macht der regierenden Parteien einen direkten Einfluss auf die öffentlichen Medien ausübt. Damit werden die Medien durch die Politik gesteuert und es existiert zurzeit keine Medienfreiheit in der Schweiz.

In die schweizerische Politik stieg ich ein, weil ich nicht mehr erpressbar war. Ich hatte keine Schulden und mein eigenes Haus. Das waren die wichtigsten Voraussetzungen dafür, dass ich mich unabhängig politisch engagiere. Ich wollte empirisch erfahren, wie die beste Demokratie der Welt von innen funktioniert.

Ich wollte immer meine eigene Partei gründen. In meinem Heimatland war es unmöglich, eine neue Partei zu gründen, dagegen habe ich gesehen, dass in der Schweiz die administrative Gründung einer Partei sehr einfach ist.

Die Hauptgründe, warum ich mich entschied, eine Partei zu gründen, sind:

1. Steigende Fremdenfeindlichkeit der SchweizerInnen, die vor allem durch die Boulevardpresse in den letzten Jahren sichtbar wurde.
2. Alibischweizer findet man kaum in politischen Parteien, in Ämtern und Verwaltungen.
3. Die schweizerischen Parteien müssen meiner Meinung nach vom Bund finanziert werden und nicht durch Spenden.
4. Da nur SchweizerInnen vom Bankgeheimnis profitieren, sollte das Bankgeheimnis vom Parlament aufgehoben werden

5. Presse- und Fernsehfreiheit wurden durch die Entscheidungen der politischen Parteien aufgehoben. Es gibt keine freien Journalisten mehr in der Schweiz.
6. In Bern existiert eine Stiftung, welche vor allem Pensionsgelder von Gastarbeitern, welche nach dem Krieg in der Schweiz arbeiteten, auf einem Konto verwaltet. Es handelt sich um etwa 3 Milliarden Franken. Diese Summe wird immer größer. Die Stiftungsverwalter wissen, wem das Pensionsgeld gehört und wie viel Geld jeder bekommen sollte. Statt diese Menschen bzw. ihre Erben zu suchen und zu finden, verwalten sie das Geld und warten, bis eine Verjährung stattfindet, damit der Schweizer Staat dieses Geld einkassieren kann.

Da die politischen Parteien eigentlich Vereine sind, entschied ich mich, einen Verein zu gründen. In der Schweiz war das relativ einfach. Ich habe einen Verein, die Partei der Secondi, gegründet. Ich fand die Idee, mein politisches Engagement zu verwirklichen, großartig. Ich dachte, dass diese Partei ein Selbstläufer wird, da so viele Alibischweizer in der Schweiz leben. Deswegen hatte ich vorher nicht versucht, Mitglieder zu mobilisieren. Ich habe die Statuten und das Gründungsprotokoll geschrieben und diese zwei Schriften waren ausreichend, um ein Postfach, ein Bankkonto und eine Kreditkarte zu bekommen. Die Partei der Secondi war somit per jure vorhanden. Gleichzeitig richtete ich eine dreisprachige Homepage der Partei ein. Dort wurden Formulare für den Eintritt in die Partei auf Deutsch, Französisch und Italienisch publiziert und auch die Anleitung, wie man ein Parteimitglied wird, wurde hinterlegt.

Die Mitgliedschaft betrug eintausend Franken, was mir angemessen schien, da ich keine Sponsoren gesucht hatte. Ich hatte angenommen, dass die ersten bezahlenden Parteimitglieder sowieso die wichtigsten Posten in der Partei bekommen würden und deswegen bereit wären, diesen Betrag zu investieren. Die Partei der Secondi sollte eine Partei der Mitte sein, ich wollte die Extreme von links und rechts in der Partei nicht dulden.

Die Homepage war transparent und einfach gestaltet, und ich hoffte, dass die Mitglieder in Scharen kommen würden. Ich habe mich als Gründer, Lenker, Financier und Personalchef der Partei gesehen. In ca. zwei Monaten waren alle Formalitäten erledigt und ich dachte, dass ich eine wichtige politische Organisation gegründet hatte, die an allen eidgenössischen, kantonalen und kommunalen Wahlen teilnehmen darf. Gleichzeitig habe ich im Parterre meines Hauses Parteiräume eingerichtet. Neben dem Eingang habe ich stolz ein Namensschild der Partei in drei Sprachen angebracht. Ich dachte, wenn ich einen Begegnungsort kreiere, werden die Leute einfacher Kontakt suchen. Hier sind einige Schriften, die auf der Homepage (parteidersecondi.ch) veröffentlicht wurden.

Statuten Partei der Secondi:
Gründer: Zoran Mitrovic Dipl. Ing. Chem.

Allgemeines
*Die Partei der Secondi ist eine schweizerische demokratische Partei für ALLE jungen und junggebliebenen Schweizer*Innen, vor allem für Schweizer*Innen mit Migrationshintergrund. Die Partei der Secondi will sich in Gemeinden auf kantonaler und nationaler Ebene politisch engagieren. Die Partei der Secondi wird sich politisch in der Mitte der schweizerischen Parteilandschaft positionieren. Religion ist die private Angelegenheit eines jeden Mitgliedes. Religiöse und fremde Nationalsymbole irgendwelcher Art sind an Parteiversammlungen nicht erlaubt. Fremd ist alles, was nicht schweizerisch ist. Wir möchten möglichst viele weibliche Parteimitglieder in unseren Reihen haben, damit diese mehr als 50 % Anteil auf allen unseren Wahllisten haben.*

Ziele
*Erstes und wichtigstes Ziel dieser Partei ist, sich politisch zu engagieren für alle Schweizer*Innen mit Migrationshintergrund, ihre Wünsche, Sorgen auf der politischen Bühne zu präsentieren. Unser politisches Ziel ist, in absehbarer Zeit eine Bundesrätin oder einen Bundesrat zu nominieren.*

Rechtsform

Die Partei der Secondi ist ein Verein im Sinne von Art. 60 ff. ZGB. Mitglieder des Vereins sind die Mitglieder der Sektionen, der Bezirksparteien bzw. der Kantonalparteien.
Der Sitz der Partei befindet sich vorläufig in Kreuzlingen. Bis alle Parteiorgane gewählt sind, wird der Parteigründer alle personellen, politischen und finanziellen Kompetenzen ausüben.

Mitgliedschaft

1. *Mitglied der Partei der Secondi können alle nicht vorbestraften mündigen Schweizer*Innen werden, welche das Anmeldeformular vollständig und wahrheitsgetreu ausfüllen und den Mitgliederbeitrag auf das Parteikonto einzahlen.*
2. *Die Parteimitglieder können parteiintern wählen und gewählt werden und haben dabei eine einzige wichtige Pflicht, nämlich die künftigen Parteiwähler zu kontaktieren, zu informieren, zu motivieren, zu aktivieren und zu überzeugen, die Partei der Secondi zu wählen.*
3. *Der Mitgliederbeitrag beträgt CHF 1000 bei Eintritt und danach die gleiche Summe für jedes weitere Jahr. Die Mitglieder, die bis Ende des Vorjahres ihre Mitgliedschaft nicht bezahlen, werden automatisch von der Mitgliederliste gestrichen und dürfen danach keine politischen Funktionen ausüben. Falls ein ausgeschlossenes Mitglied wieder in die Partei aufgenommen werden will, muss künftig Mitgliederbeitrag von CHF 2000 bezahlt werden.*

Parteiorgane:

1. *Parteiversammlung.*
2. *Geschäftsleitung (vakant)*
3. *Präsidium (vakant)*
4. *Parteifinanzen (vakant)*
5. *Ethikkommission.*

Eine Ethikkommission wird dafür Sorge tragen, dass die Grundregeln eingehalten werden und dass die Parteimitglieder in der politischen Mitte agieren, stetig den Konsens mit anderen politischen Partnern suchen, fair und nicht streitsüchtig politisieren und immer die Wünsche und Sorgen unserer Parteibasis vor Augen haben. Wir können und werden am Anfang der Existenz der Partei es nicht erlauben, in unseren Reihen Personen zu haben, die unsere politischen Ziele nicht respektieren und die menschlich nicht korrekt und ehrlich sind.

Protokoll der Gründungsversammlung der Partei der Secondi mit Sitz in Kreuzligen

Datum und Zeit: 23.10.18, 16 Uhr Ort: Kreuzlingen

Anwesende Gründungsmitglieder: [2] Mitrovic Zoran, Mitrovic-Bregy Renata
Gäste: [0]
Vorsitz: Mitrovic Zoran
Protokoll: Mitrovic-Bregy Renata

Traktanden:
1. Formelles
2. Gründungsbeschluss
3. Genehmigung der Statuten
4. Wahl des Vorstandes

1. Formelles
Folgenden Personen werden gewählt:
Als Vorsitzender der Versammlung wird der Parteigründer Zoran Mitrovic gewählt.
Als Protokollführerin wird Renata Mitrovic-Bregy gewählt.

2. Gründungsbeschluss
Die Versammlung beschließt, unter dem Namen Partei der Secondi eine Partei gemäß Art. 60 ff. des Schweizerischen Zivilgesetzbuches (ZGB) mit Sitz in Kreuzlingen zu gründen.

3. Genehmigung der Statuten
Die Versammlung genehmigt den vorliegenden Statutenentwurf vom 23.10.2018 und legt ihn als gültige Statuten der Partei fest.

4. *Wahl des Vorstandes*

Gemäß den Statuten wird der Parteigründer Zoran Mitrovic bis auf Weiteres alle personellen, finanziellen und politischen Entscheidungen treffen.

Der Parteigründer und die Protokollführerin sind bis auf Weiteres für die Partei der Secondi unterschriftberechtigt.

Unterschriften	*Ort, Datum*
....	....
Protokollführerin	*Vorsitzender*

Ab diesem Moment ist die Partei rechtsgültig als juristische Person gegründet und handlungsfähig.

Ziele der Partei der Secondi

1) *Mitglieder rekrutieren, Parteistruktur modellieren, Parteiorgane definieren, Parteispitze ernennen.*
2) *Alle Parteien in der Schweiz müssen vom Staat finanziert werden. Damit werden die Politiker primär die Interessen des Souveräns und des Staates schützen. Heute schützen die Parteien die Interessen der Wirtschaft, welche die Spenden überweisen.*
3) *Schweizer mit Migrationshintergrund fördern, sich in allen Schweizer Institutionen wie Militär, Polizei, Wirtschaft, Bundes- und Kantonsbehörden auf allen Hierarchieebenen zu integrieren.*
4) *Wir wollen, dass in allen Schweizer Städten ein Denkmal für die Millionen Gastarbeiter, die mit der Zeit zu bösen Ausländern umgewandelt wurden, errichtet wird. Ohne den Fleiß dieser Frauen und Männer würde die Schweiz heute mit Sicherheit ganz anders aussehen.*

5) *Wir wollen eine Studie erarbeiten lassen, die aufgrund der Fakten zeigt, wieso zurzeit mehr Ausländer und Schweizer mit Migrationshintergrund als Schweizer in der Schweiz leben. Wer hat wann welche Entscheidungen getroffen? Des Weiteren muss unbedingt eruiert werden, wie viel Geld jede der drei Gruppen in den letzten dreißig Jahren erwirtschaftet hat.*
6) *Die Parteien müssen ein Referendum mit der Frage starten, wie viele Fremde die Schweiz und der Souverän verträgt. Dabei muss jedes Szenario errechnet und die Folgen für die Schweizer Bevölkerung müssen erläutert werden.*
7) *Wir werden die Sicherheit und die Bonität der AHV stärken, indem alle Firmen und Privatpersonen, die wegen Diskriminierung verurteilt werden, eine Geldstrafe bezahlen müssen, welche automatisch in die AHV einfließt. Ebenso sollte vermieden werden, dass das Gesamtvermögen reicher Personen, welches nie richtig versteuert wurde, in Stiftungen fließt, sondern das Geld sollte in die AHV einbezahlt werden.*
8) *Die Neutralität der Schweiz nutzen, um auf diplomatischer Ebene möglichst viele Staaten dazu zu bewegen, ein neues Staatenbündnis als Ersatz für die UNO zu schaffen, wo für alle nach klaren Regeln Konflikte ohne militärische Gewalt gelöst werden. Jeder Staat hat eine Stimme, die Beschlüsse sind dann bindend für alle Staaten des Bündnisses. Kein Vetorecht, kein Sicherheitsrat, sondern nur das Plenum mit je einem Vertreter pro Staat. Standort Genf.*
9) *Wer soll sowas anstoßen, wenn nicht die Schweiz?*

Die endgültigen Ziele und die Politik der Partei der Secondi werden an der ersten Parteiversammlung festgelegt und verabschiedet.

Marketing Fragen/Antwort

Wer sind unsere Wähler?

In der Schweiz leben über 900 000 SchweizerInnen, die über 18 Jahre alt sind mit Migrationshintergrund. Laut Bundesamt für Statistik sind ehemalige Italiener mit 25 % an der Spitze, gefolgt von den Franzosen mit 10 %, den Deutschen mit 7.5 %, den Türken mit 4 %, den Spanien mit 3–5 % und die restlichen 50 % sind aus über 100 verschiedenen Nationen von Europa, Asien, Amerika und Afrika. Das sind Menschen, die freiwillig das Schweizer Bürgerrecht beantragt und nach den Schweizer Gesetzen erhalten haben. Damit haben diese Schweizer die wichtigste politische Macht erhalten, nämlich in der Schweiz wählen zu dürfen und gewählt zu werden. Die Meinung der Partei der Secondi ist, dass die „neuen" SchweizerInnen politisch gesehen nur geduldete SchweizerInnen sind und von der Schweizer Politik und den „alten" SchweizerInnen nicht richtig wahrgenommen werden. Der einzige gemeinsame Nenner, den diese „neuen" Schweizerbürger gemeinsam haben, ist der Schweizer Pass und der große Wille und die Entschlossenheit, in der Schweiz zu arbeiten und zu leben und hier ihre persönlichen Träume zu verwirklichen.

Diese amorphe politische Masse der eingebürgerten Schweizer will die Partei der Secondi kristallisieren, mobilisieren, fokussieren und schlussendlich zur Urne bringen, um uns zu wählen. Falls dieses Vorhaben gelingt wird die Partei der Secondi eine der größten Parteien in der Schweiz. Damit dieser politische Traum wahr wird, ist die Partei strikt in der politischen Mitte der Schweizer Parteien positioniert und aus der Position wird die Partei der Secondi ihre politische Stärke zeigen.

Wer sind unsere Mitglieder?

Wir unterscheiden zwischen passiven und aktiven Parteimitgliedern. Die passiven Mitglieder sind Gönner, wollen die Partei unterstützen und benötigen in der Parteihierarchie keinen Platz. Aktive Mitglieder werden politisieren, neue Mitglieder und Wähler aktiv suchen und motivieren uns zu unterstützen und zu wählen.

Wir brauchen junge, dynamische und begeisterungsfähige aktive Mitglieder. Um ganz klar zu reden, wir suchen künftige Gemeinderäte, Stadträte, Kantonsräte, Nationalräte, Verwaltungsräte usw.

Ideale Parteimitglieder sind SchweizerInnen, die in der Schweiz, in Deutschland, Frankreich oder Italien studiert oder ihre Ausbildung abgeschlossen haben, fließend eine Schweizer Landessprache beherrschen und eine zweite Landessprache anwenden. Ihre religiöse Besinnung ist ihre Privatsache und das soll für immer so bleiben. Es darf nicht vergessen werden, dass wir sehr viele Schweizerbürger ansprechen, die ursprünglich aus über 100 verschiedenen Nationen und von allen Weltkontinenten stammen. Ihre Abstammung ist eine Bereicherung für unsere Partei, wobei immer im Vordergrund stehen muss, dass wir jetzt und für immer Schweizer sind.

Ein aktives Parteimitglied ist eine angenehme Person mit hervorragenden Manieren, selbstbewusst, spricht klar und deutlich, beherrscht die Kommunikationstechniken, Präsentation, Internet und dazugehörend Social Media wie Facebook, E-Mail, Windows, Instagram, WhatsApp usw. Die sozialen Medien werden für innerparteiliche Kommunikation und für Anwerbung der Wähler und der neuen Mitglieder gebraucht.

Da niemand von uns als Politiker geboren ist, sollten die fleißigen Mitglieder bereit sein sich laufend durch Kurse, Seminare zu verbessern und ihre Defizite zu beseitigen.

Was ist die Hauptaufgabe der Mitglieder?

Die erste und wichtigste Aufgabe jedes Mitglieds wird sein, in allen Kantonen der Schweiz passende neue Mitglieder zu finden. Wir müssen eine kritische Mitgliederzahl überschreiten (70), damit die erste gemeinsame Parteiversammlung stattfindet. Dort werden alle Parteigremien besetzt und das weitere Vorgehen wird festgelegt.

Über die sozialen Medien sollte die freudige Botschaft von der Existenz der Partei der Secondi verbreitet werden mit der Bitte, diese Meldung an alle weiteren potenziellen Wähler weiterzuleiten. Unser Ziel ist es, spätestens an den Nationalratswahlen 2019 schweizweit unsere Kandidaten aufzustellen. Die Parteimitglieder sollten versuchen dauernd von Privatpersonen, Schweizer Firmen und Firmen, die in der Schweiz tätig sind, Spenden zu bekommen. Laut Statut ist es nicht erlaubt, Spendengelder aus dem Ausland anzunehmen.

Spenden für die politischen Parteien kann man in der Schweiz von Steuern abziehen. Wir alle werden die erste Zeit unserer politischen Laufbahn damit verbringen, die besten Mitglieder an wichtigen Parteifunktionen zu positionieren und unsere Wahllisten an Gemeinde-, Kantons- und Nationalratswahlen aufzustellen. Dabei ist entscheidend, dass jedes Mitglied seine persönlichen Wünsche, Ambitionen und Träume bei Befragungen offenlegt.

Wie finden wir neue Mitglieder und Wähler?

1. *Ist Zustand ermitteln.*
   Die Mitglieder sollten sich bei ihren Gemeinden erkundigen, wie viele eingebürgerte SchweizerInnen in der Gemeinde vorhanden sind und aus welchen Nationalitäten diese ursprünglich stammen. Das Bundesamt für Statistik ist da auch eine große Hilfe. Fast jeder neuer Schweizer Burger hatte mindestens noch einen Pass und eine andere Nationalität. Kontakte zu Wählern sollten so gestaltet werden, dass z. B. ein deutscher Schweizerbürger nur die Schweizerbürger deutscher Abstammung kontaktiert, ein italienischer Schweizerbürger nur die Schweizerbürger italienischer Abstammung kontaktiert usw. Damit sollten die potenziellen Wähler Vertrauen in unsere Mitglieder und in die Partei der Secondi gewinnen. Die Wähler sollten informiert werden, dass ihre Sorgen, Ängste, Ideen für uns der wichtigste Input sind und dass die Partei der Secondi nur deswegen existiert, um die Wünsche unserer Wähler zu erfüllen.

2. *Kommunikation aufbauen, Wählerlisten erstellen*
   Unser künftiges Parteiprogramm werden wir anhand des Inputs unserer Wähler ausarbeiten. Unsere Parteimitglieder werden durch die sozialen Medien einen stetigen Kontakt mit Parteivorstand und Parteibasis aufbauen und einen echten politischen Service anbieten. Heute ist sowas möglich.

Wer sind die Secondi im Sinne der Partei der Secondi?

Wir möchten noch etwas über den Begriff „Secondi" sagen. Für uns sind die Secondi alle SchweizerInnen der zweiten und dritten Generation, egal aus welcher Familie sie stammen.

Die Partei der Secondi will mindestens 50 % Mitglieder, die jünger sind als 30 Jahre. Dabei wollen wir betonen, dass Frauen sehr willkommen sind, da diese anderes politisieren können als Männer.

Falls sie nicht genügend Geld haben für die Mitgliedschaft in der Partei, verlangen sie das Geld von ihren Eltern und Großeltern. Die sollen sie unterstützen, weil sie selber nicht politisch engagiert gewesen sind.

Wir möchten, dass die Frauen und Männer in diesem Sommer stolz die T-Shirts mit dem Druck „Secondi", „Secondo", „Seconda" und „www.partei-der-secondi.ch" tragen und dass alle Schweizer verstehen und anerkennen, was diese jungen Frauen und Männer damit ausdrücken wollen.

Die sogenannte Internetgeneration wird bei den nächsten Nationalratswahlen ins Parlament ziehen und wie eine Lawine alte politische Strukturen und Parteien ins Exit befördern.

Wir wollen unser eigenes Online-Newsportal aufbauen, wo alle, die nicht Hass und Revolution propagieren, ihre Texte veröffentlichen können. Die Presse in der Schweiz ist heute monopolisiert von Wirtschaft, fähige Journalisten haben schon lange die Schweiz verlassen.

Diese einfach geschriebenen Texte sollten möglichen Parteimitgliedern helfen zu verstehen, worüber die Partei der Secondi überhaupt politisieren will und wer die Parteimitglieder sein sollen. Damals wusste ich nicht, dass diese Texte von wenigen Menschen gelesen werden. Die Partei der Secondi war in meinen Augen in der Mitte des schweizerischen politischen Spektrums positioniert und hatte die Aufgabe, vor allem junge AlibischweizerInnen für die Schweizer Politik zu begeistern. Die Partei sollte in allen 26 Kantonen ihren Sitz haben und meine Idee war, dass die Kandidaten der Partei der Secondi an den Nationalratswahlen im Spätsommer 2019 teilnehmen würden.

Da in der Schweiz fast 1,8 Mio. Alibischweizer leben, habe ich gedacht, dass unter diesen Menschen auch ein paar Tausende sind, welche in der Schweizer Politik in einer eigenen Partei mitpolitisieren wollen. Ich wollte, dass bis September 2019 die Partei der Secondi ihre politische Führung, ihr Organigramm und einige tausend Mitglieder hat. Das war die Vorgabe. Aber wie das im Leben so ist, kam alles anders. Damals wusste ich noch nicht, was ich mir angetan hatte mit der Gründung der Partei der Secondi. Sehr viele unangenehme Überraschungen warteten auf mich. Vergebens überlegte ich, wie ich den Medien in der Schweiz mitteile, dass ich eine neue schweizerische Partei, nämlich die Partei der Secondi, gegründet hatte. Ich schrieb eine E-Mail, in der ich die Partei der Secondi und die Homepage-Seite erwähnte, und diese E-Mail schickte ich an verschiedene Schweizer Zeitungen. Ich war enttäuscht, dass nur eine einzige Zeitung auf meine E-Mail reagierte, und zwar die Kreuzlinger Zeitung vom 11. Januar 2019 mit dem Titel „Mitentscheiden, mitreden, mitregieren". Die Kreuzlinger Zeitung wurde von der Süddeutschen Zeitung in Kreuzlingen gegründet und wöchentlich gratis verteilt. Der Journalist, der diesen Text geschrieben hat, war kein Schweizer. Er hat bei diesem ersten Artikel sofort erkannt, was die Partei der Secondi eigentlich ist. Ich war mit dem ersten veröffentlichten Artikel über die Partei zufrieden.

Im Januar 2019 erfuhr ich durch die Presse, dass in Kreuzlingen im März 2019 Gemeinderatswahlen stattfinden werden. Ich wollte diese Gemeinderatswahlen in Kreuzlingen für ein Coming-out der neuen Partei benutzen. Ich versuchte für die Partei der Secondi geeignete Kandidaten für die Gemeinderatswahlen zu finden. Einige Personen sprach ich persönlich an und bekam leider von allen eine Absage. Bei der Suche nach geeigneten Kandidaten fielen mir zwei sehr unterschiedliche Verhaltensweisen der Menschen auf. Die Schweizer, denen ich sagte, dass ich eine neue Partei gegründet habe, schauten mich an, als wäre ich geisteskrank. Sie wurden mir gegenüber sofort fast aggressiv, ablehnend und feindlich. Sie waren negativ überrascht über meine Absichten, weil sie der Meinung waren, dass nur Schweizer und nicht AlibischweizerInnen eine politische Partei in der Schweiz gründen dürfen. Ein Alibischweizer dagegen ist in ihren Augen da, um sich an die politischen Gegebenheiten anzupassen. Anpassung ist für Schweizer in Bezug auf die Fremden im Lande ein Zauberwort. Ich habe mich gefragt, an wen ich mich in der Schweiz anpassen soll, an gierige Banker, die zwei renommierte Schweizer Banken in den Ruin getrieben haben, an Manager und Großkapitalisten, die die Schweizer Zeitungslandschaft monopolisiert und den freien Journalismus ausgerottet haben, oder an die Schweizer Patrioten, die durch Kantone marschieren und AlibischweizerInnen und AusländerInnen daran hindern, sich in manchen Gemeinden niederzulassen. Ich kann mich anpassen an Wilhelm Tell, Henry Dunant oder Albert Einstein. Leider sind die schon lange tot. Ich kenne zurzeit keinen Schweizer, an den ich mich anpassen möchte.

Auf der anderen Seite hatten die AlibischweizerInnen, die ich kontaktierte, Existenzängste, sich in eine neue politische Partei einzubringen. Ihre Erfahrungen, die sie bei ihrem Einbürgerungsprozedere, an ihrem Arbeitsplatz, bei der Wohnungssuche, im täglichen Kontakt mit Schweizern, im Militär und als Mieter gemacht haben, waren ihre Angstquelle. Diese Menschen wurden von den Mitgliedern der regierenden politischen Parteien angewiesen, entweder Mitglieder einer der bestehenden Parteien zu werden oder sich von der schweizerischen Politik fernzuhalten. Alle volljährigen Familienzugehörige wurden als Wähler in eine der regierenden Parteien aufgenommen. Tatsache ist, dass die Schweizer Politiker omnipräsent sind, in der Einbürgerungskommission sitzen, seit Jahrzehnten Stadtpräsidenten, Stadträte, Gemeinderäte stellen und entscheiden, wer in der Stadtverwaltung einen Posten und wer einen Auftrag zugewiesen bekommt. Die Arbeitgeber, Vermieter und Chefs von Alibischweizern sind auch Mitglieder von regierenden Parteien und kein Alibischweizer in Kreuzlingen war bereit, für die Partei der Secondi zu kandidieren. Die AlibischweizerInnen, die ich kontaktierte, hatten zudem enorme existentielle Ängste und manchmal waren sie nicht einmal bereit mit mir zu reden. Alle, die ich gefragt habe, wollten mit der Politik meiner Partei nichts zu tun haben oder haben nicht verstanden, um was es überhaupt geht. Diese Einschüchterung der AlibischweizerInnen ist beschämend für die gesamte schweizerische Politiklandschaft und allen Politikern dieses Landes ist es meiner Meinung nach nicht bewusst, welchen Schaden sie der Schweiz längerfristig überhaupt antun. Der Versuch, AlibischweizerInnen von der Schweizer Politik fernzuhalten, ist sehr gefährlich für dieses Land und zeigt Tendenzen, dass die Politik rechtsextrem geworden ist. Ich war erschreckt, mit welchen miesen Tricks die angeblich anständigen Schweizer Politiker auf der Gemeindeebene hantieren, damit sie ihre politischen Ziele erreichen können. Die Fehler, die in der Vergangenheit gemacht wurden, sodass plötzlich mehr Menschen mit Migrationshintergrund als Schweizer in der Schweiz leben, können nicht durch Angstverbreitung, Einschüchterung und Nationalsozialismus ersetzt werden, sonst sind wir alle verloren in diesem Land.

Da niemand bereit war, für die Partei der Secondi im Gemeinderat zu kandidieren, wurde ich leider in diese Rolle gezwungen. Damit man an Gemeinderatswahlen als neue Partei oder als neues Parteimitglied teilnehmen darf, braucht man 25 Unterschriften von abstimmungsberechtigten Kreuzlinger Einwohnern. Nur mit Hilfe von anderen habe ich diese 25 Unterschriften gesammelt. So eine politische Funktion wollte ich nicht, weil ich mich als Parteigründer und Visionär sah. Ich war der Meinung, dass innerhalb der Partei der Secondi jüngere Menschen alle Funktionen in der Partei besetzen sollten. Alles, was ich vor und nach der Kandidatur erlebt habe, werde ich noch genauer schildern. Für mich war dieses politische Engagement eher etwas Lockeres, Sportliches, etwas, was mir Spaß macht. Für sehr viele Schweizer ist die Politik etwas Ernstes, Bedrohliches, etwas, das mit Vaterland, Heimat und Existenz zu tun hat. So wurden sie erzogen und das habe ich erst später bemerkt. Erst jetzt ist mir klargeworden, wie stark und unangenehm Schweizer Nationalismus ist. Mir wurde bestätigt, was ich schon lange wusste, und zwar dass die Schweizer Nationalisten gemeingefährlich sind.

Obwohl ich seit fünfzig Jahren in der Schweiz bin, seit 37 Jahren in Kreuzlingen lebe und seit 1992 Schweizer geworden bin, wusste ich, dass ich für die Gemeinderatswahlen in Kreuzlingen der falsche Kandidat war. Ich war der schlechteste politische Kandidat, den man sich vorstellen konnte: alt, arrogant, unbeliebt sowohl bei den Schweizern als auch bei vielen Alibischweizern, weil ich weder Bekannte noch Freunde in Kreuzlingen gesucht oder gefunden habe. Die wenigen Schweizer, die ich in Kreuzlingen kenne, sind alt und uninteressant und von den Balkanmenschen habe ich mich aus verschiedenen Gründen ferngehalten. Obwohl meine Frau Schweizerin ist, haben wir es nicht geschafft, mit Schweizern Freundschaften zu schließen. Der einzige Schweizer, der mit mir Kontakt hatte, hat, als er erfuhr, dass ich eine Partei gegründet habe, meine Telefonnummer in seinem Telefon gesperrt. Ich habe einmal versucht ihn zu erreichen und verstand sofort, dass die Bekanntschaft tot ist. Ein engerer Kontakt mit den Schweizern in Kreuzlingen war praktisch nicht möglich, weil sie sich von allen Fremden ferngehalten haben. Wie ich es schon einmal erwähnt habe, dienen die Vereine dazu, sich von den anderen zu isolieren. Immerhin war ich ein akademisch ausgebildeter Mann und konnte weder am Arbeitsplatz noch privat geeignete Kontakte finden. Die Kandidatur für den Gemeinderat wollte ich für die Promotion der Partei der Secondi nutzen. Die politischen Gepflogenheiten in der Schweizer Politik sind, dass die neuen Parteien und Kandidaten in lokalen Zeitungen präsentiert werden. Nachdem die Wahlkommission die Kandidatenliste veröffentlicht hatte, meldete sich ein Journalist von „20 Minuten“ und führte mit mir ein telefonisches Interview.

20 Minuten (21. Januar 2019): „Schweiz-Kroate lanciert neue Doppelbürgerpartei“

Nachdem „20 Minuten" einen Artikel über die Partei der Secondi publiziert hatte, wurden in der Internetausgabe unter dem Artikel viele Hasskommentare veröffentlicht, die rassistisch und diskriminierend waren. Ich war auf sowas vorbereitet, aber einige Mitglieder meiner Familie waren erschreckt. Am selben Tag, als das Interview in der Zeitung erschien, meldete sich eine Journalistin von TV Teletop und war bereits mittags bei mir zuhause. Ein TV-Auftritt war für mich in dieser ersten Phase meines politischen Engagements verfrüht und ich habe bei dem Interview keine gute Vorstellung geboten.

TV- Station Teletop (21. Januar 2019)
In dem ausgestrahlten Interview mit mir als Gründer der Partei der Secondi wurde anschließend ein SVP-Politiker gefragt, was er über die Partei der Secondi denkt. Sein einziger Kommentar, der mir in Erinnerung blieb, war: „Wir werden sehen, wie viel Resonanz die Partei bekommt." Damals habe ich nicht realisiert, dass dieser Satz mir eigentlich den Auftritt auf der nationalen Medienebene praktisch verwehrt hatte, was die Zukunft auch zeigte. Ab dem Tag hat man die Partei und mich selbst auf die schwarze Liste der Presse gesetzt. Keine Zeitung in der Schweiz hat meine E-Mails beantwortet und die Leserbriefe, welche ich in ca. vierzig Schweizer Zeitungen versucht habe zu platzieren, wurden ignoriert. Ignoranz und Nichtbeachtung waren die Waffen, welche die Schweizer Politiker für meine Kandidatur und meine Partei vorbereitet hatten. Nachdem bekannt wurde, welche Parteien an den Gemeinderatswahlen in Kreuzlingen teilnehmen wollten, haben sich die Redakteure der lokalen Zeitungen verpflichtet gefühlt, ihre Journalisten für ein Interview zu mir zu schicken. Der politische *bon ton* der Schweizer Kandidaten sagt, dass jeder Kandidat, egal aus welcher Partei er kommt, gleiche Behandlung in der lokalen Presse haben sollte. Während meiner Kandidatur für die Gemeinderatswahlen hatte ich Interviews in folgenden Medien:

Kreuzlinger Nachrichten (Donnerstag, 31. Januar 2019) „Partei der Secondi will in den Kreuzlinger Gemeinderat",

Thurgauer Zeitung (04. Februar 2019) „Junge Doppelbürger sollen sich politisch engagieren", Kreuzlinger Zeitung (22.02.2019), Kreuzlinger Fernseher (Sendung vom 14./15. März 2019) Nr. 519.

Hier meine Kommentare zu den Journalisten und Interviews, welche veröffentlicht wurden: Der erste Journalist, der mich interviewen musste, sagte mir am Anfang, er wolle nur über die Kandidatur bei den Gemeinderatswahlen und nicht über die Partei schreiben. Ich wusste, dass dieser Schreibling eigentlich seinem Arbeitgeber gegenüber verpflichtet ist, dieses Interview zu führen. Ich sagte ihm, wenn er über die Partei nicht reden und schreiben wolle, solle er nach Hause gehen. So eine Reaktion hatte er nicht erwartet und dann führten wir in einem Restaurant ein Interview. Er versprach mir, mir den Artikel vor dem Druck zu schicken, um meine Freigabe zu bekommen. An dieses Versprechen hielt sich besagter Journalist jedoch nicht. Das Interview beendete ich mit dem Satz **„Ich kenne keinen Schweizer, der besser ist, als ich es bin"**. Seitdem haben mich SchweizerInnen mit bösen Blicken verfolgt, was mich jedoch nicht beeindruckte, weil ich wusste, dass ich im Recht war. Der zweite Interviewer, ein Deutscher, der bereits einmal über die Partei der Secondi einen Artikel verfasst hatte, kam zu einem Interview zu mir. Er besuchte die Parteiräume und ich hatte mich für dieses Interview vorbereitet. Ich sagte ihm, dass ich ein Buch geschrieben habe, und schenkte ihm ein Exemplar. Der Journalist wusste nicht einmal, wie viele Kantone die Schweiz hat, und trotzdem hat er sich berufen gefühlt, über die Schweizer Politik zu schreiben. Der Artikel, den er geschrieben und veröffentlicht hat, war wirr, voller grammatikalischer Fehler und er hat dort die Meinung geäußert, dass ich wahrscheinlich nicht ganz dicht bin. Einen Artikel über die Partei der Secondi, den ich ihm gegeben hatte, hat er als Leserbrief veröffentlicht. Eine junge Journalistin führte mit mir in einem Restaurant ein Interview und schrieb später in ihrem Artikel über die Wahlen, die Motive und Tatsachen der Partei der Secondi betreffend. Das war journalistisch gesehen der beste publizierte Artikel.

90 % der Schweizer Politiker sind gleichzeitig auch Schweizer Nationalisten. Sie wurden durch Erziehung, Religion, Schule, später Rekrutenschule und WK-Dienste so erzogen. Ich habe leider sehr viele Nationalisten aus verschiedenen Nationen in meinem Leben kennengelernt. Meiner Meinung nach sind die Nationalisten in allen Ländern dieser Erde identisch. Sie haben auf dem freien Arbeitsmarkt keine Chance, Karriere zu machen, aber als Nationalisten fühlen sie sich berufen, sogar die wichtigsten Positionen im Lande zu besetzen. Alle Nationalstaaten werden durch die negative Selektion der Politiker mit der Zeit immer schwächer. Die Menschen, die keine intellektuellen Fähigkeiten besitzen, werden an die wichtigsten Positionen des Staates delegiert und durch ihr Unwissen richten sie langfristig großen Schaden für den Staat und die Gesamtbevölkerung an.

Ich wurde eingeladen, im lokalen Bodenseefernsehen ein kurzes Statement über meine Partei zu präsentieren. Ich wusste, dass die AlibischweizerInnen das lokale Bodenseefernsehen kaum konsumieren und dass nur diejenigen SchweizerInnen, die wählen gehen und von den Wahlen direkt profitieren, diese Sendung verfolgen werden. Ich war enttäuscht von den lokalen Politikern, Journalisten und den gesamten Schweizern, mit denen ich Kontakt hatte, und habe folgendes Statement vorgetragen:

Statement der Partei der Secondi an alle 5600 Nichtwähler von insgesamt 8500 Wählern in Kreuzlingen.

Für die SchweizerInnen, die verängstigt, enttäuscht, unzufrieden, frustriert und desillusioniert sind und deswegen nicht an den Gemeinderatswahlen in Kreuzlingen teilnehmen, hat die www.Partei-der-Secondi.ch einen Vorschlag:

Werden Sie einmal im Leben zu Wilhelm Tell und helfen Sie unserer Partei die Vögte abzuwählen. Geben Sie Ihre Stimme der Partei der Secondi und wir werden Sie nicht enttäuschen. Sie werden dann in der Stadt Kreuzlingen mitregieren.

Ich wusste, dass ich mit diesem Statement keine Freunde unter den Schweizern im Kanton Thurgau finden würde. Meine

Erfahrungen mit SchweizerInnen, die in der Stadtverwaltung arbeiten, haben mich zu diesem Statement veranlasst. Sie benehmen sich gegenüber allen Fremden sehr unfreundlich und man hat wirklich den Eindruck, dass sie keine Diener der Bevölkerung, sondern richtige Vögte sind. Leider duldet die Stadtverwaltung selber so ein Verhalten ihrer Beamten.

Während meiner Kandidatur für den Gemeinderat habe ich einige Briefe geschrieben. Der Inhalt dieser Briefe wird hier aufgeführt:

Brief 1: MZ/Kreuzlingen 05.02.2019

In der Schweiz leben ca. 8.3 Mio. Menschen, die man in drei Gruppen aufteilen kann: ca. 4.3 Mio. Schweizer (S), ca. 1.3 Mio. Schweizer mit Migrationshintergrund (DB) und ca. 2.6 Mio. Ausländer (A) (Angaben: Bundesamt für Statistik 2016 (BfS)). Die neuesten Daten kann man beim BfS anfordern, aber für diese Geschichte genügen diese Zahlen. In DB habe ich auch jene SchweizerInnen genommen, deren Vater oder Mutter Ausländer waren. Ihre Anzahl habe ich auf 200'000 geschätzt. Es fällt auf, dass in der CH fast gleichviele S wie DB+ A zusammenleben. DB wird von fast allen Schweizern als Ausländer betrachtet.

Hier fängt meine Geschichte an. Ich habe mich entschieden, eine neue CH-Partei zu gründen, Details siehe unter www.Partei-der-Secondi.ch. Nachdem ich die Partei gegründet hatte, wurde ich im Kontakt mit S und DB mit drei Arten von Emotionen konfrontiert: Neid, Hohn und Missgunst von meiner Umgebung (Verwandte, Bekannte), Abneigung, grenzend an Hass von Journalisten und Mitgliedern anderer Parteien (siehe Kommentare in 20 Minuten über die Partei), und was mich erschreckt hat, während ich Unterschriften für meine Kandidatur sammelte, war die pure Angst und Distanzierung von fast allen DB, die ich kontaktiert habe. Meine Frau (S) hat mir die Unterschriften organisiert. Ich hätte keine Chancen gehabt, bei DB 25 Unterschriften zu sammeln. Als Kandidat für den Gemeinderat habe ich die Stadtkanzlei Kreuzlingen angefragt, wie viele DB in Kreuzlingen leben. Ich habe die Antwort bekommen, dass so eine Statistik nicht existiert. Bei der Einwohnerkontrolle in Kreuzlingen werden nur S und A gezählt. Sofort wurde mir klar, dass einige politische Parteien auch ein Auge auf diese Wählergruppen geworfen haben.

Im täglichen Leben bin ich seit Jahren oft konfrontiert mit diskriminierenden Machenschaften bei Versicherungen, Steuerbehörde und Krankenkasse. Seit Jahren ist bekannt, dass A bei Versicherungen diskriminiert werden und jetzt ist mir aufgefallen, dass auch DB in den gleichen Topf geworfen werden. Durch die statistischen Vergleiche wird man feststellen, dass die Prämien bei Versicherungen, Eigenmietwert bei den Steuern und Leistungen für Versicherte bei Krankenkassen unterschiedlich sind. Durch die statistische Auswertung wird man zum Schluss kommen, dass die Gruppen S, DB und A statistisch gesehen signifikant unterschiedliche Preise für Prämien z. B. für Auto und Hausrat bezahlen, signifikant unterschiedliche Eigenmietwerte für eine gleiche Wohnung oder ein Haus versteuern müssen und von Krankenkassen unterschiedliche Leistungen in ihrem ganzen Leben erhalten.

Diese Diskriminierung ist pure Profitgier koordiniert mit etablierten CH-Parteien. Man sollte die Spuren des Geldes verfolgen und schauen, welche Firmen mit wie viel Geld die Parteien unterstützen. Dadurch, dass DB in Statistiken der Steuerbehörden, Versicherungen und Krankenkassen nicht existieren, ist es möglich geworden, diese zu beklauen. Ich verlange, dass die Wahrheit ans Licht kommt, Schuldige bestraft werden und die Bußgelder in die AHV einfließen, weil von der AHV alle Einwohner der CH profitieren. Ich schlage vor, dass alle Gemeinden und Städte in ihren künftigen statistischen Auswertungen die Einwohner in drei Gruppen aufteilen: S, DB und A. Keine Menschen in der Schweiz dürfen in der Zukunft diskriminiert werden.

Die langjährige Hetze mancher Politiker auf der schweizerischen politischen Bühne gegen kriminelle Ausländer und Asylanten hat bei einigen Schweizern in einem Freipass für verbale und tätliche Angriffe auf alle fremd aussehenden Menschen resultiert.

Die Tatsache, dass in der CH plötzlich ca. 50 % A und DB und 50 % S leben, ist durch die große Gier der CH-Wirtschaft nach noch mehr Wachstum und der willigen Beihilfe aus allen politischen Parteien entstanden. Niemand hat sich gefragt, wie viele A verkraften die Schweizer und die Schweiz. Manche politischen Analphabeten in der CH ziehen das Referendum ins Lächerliche, aber vor 50, 40 oder 30 Jahren gab es kein Referendum darüber, wie viele Fremde die Schweiz verträgt. Der Souverän wurde nicht gefragt und die CH-Bürger antworten in der letzten Zeit mit Ablehnung und Fremdenhass. Die Wut der CH-Bürger ist fokussiert auf A und DB, in Wirklichkeit sollten sie wütend auf die Generationen von Politikern ohne Visionen sein.

Die Politiker sollten ihrem Volk mittels statischer Daten des BfS erklären, welche Fehler sie in der Vergangenheit gemacht haben. Die Politiker sollten ihren Souverän um Verzeihung bitten. Stolz auf ihre politische Vergangenheit können Sie nicht sein.

DB werden erst als echte CH akzeptiert, wenn sie sich in einer eigenen Partei vereinen und die politische Macht, Entscheidungen und Verantwortung mit anderen Parteien teilen.

Ich komme aus einem Land, wo ich ähnliche Provokationen, Hass und Ablehnung gespürt habe, das war einige Jahre vor dem Bürgerkrieg.

Der Schweizer Staat hat uns das Bürgerrecht gegeben, wir alle sind dankbar dafür, aber der Schweizer Staat hat auch die Pflicht, uns zu schützen. Ich fühle mich in der Schweiz als Schweizerbürger immer mehr diskriminiert und ich will, dass das bald aufhört. Ich will kein Schweizer zweiter Klasse sein. Ich kenne keinen besseren Schweizer, als ich es bin.

Plötzlich ist mir aufgefallen, dass mein Haus, das vis-à-vis vom Bundesgebäude des Schweizer Zolls liegt, durch eine Videokamera überwacht wurde. Die Kamera war auf den Eingang der Parteiräume gerichtet. In jedem demokratischen Staat dieser Erde hätte ein politischer Kandidat, wenn er während seiner Kampagne durch unbekannte Auftraggeber mit Kameras verfolgt wird, die Möglichkeit zu versuchen, die Wahlen als null und nichtig erklären zu lassen. In der Schweiz gibt es keine Beschwerdekommission, wo man seine Bedenken äußern kann. Deswegen waren für mich die Gemeinderatswahlen in Kreuzlingen 2019 weder frei noch demokratisch. Ich habe mir gedacht, dass die Kamera zu meinem Schutz installiert wurde, aufgrund der sehr vielen Hasskommentare betreffend meine Partei, die im Internet veröffentlicht wurden. Die Geschichte hat uns gelehrt, dass z. B. Martin Luther King von Beamten umgebracht wurde, die ihn eigentlich beschützen sollten. Ich wusste nicht, an wen ich mich wegen der Kamera wenden sollte. Auf einer Seite war ich erleichtert, weil man mich wahrscheinlich durch diese Maßnahme schützen wollte, aber auf der anderen Seite konnte man diese Filme dazu benutzen, um die Personen, die in mein Haus kommen, zu identifizieren.

Brief 2: MZ/Kreuzlingen 11.02.2019

Am 11.02.2019 hatte ich eine kurze Besprechung mit dem Präsidenten der Wahlkommission (PW) im Büro von PW. Ich wollte wissen, welche Rolle PW bei den Gemeinderatswahlen in Kreuzlingen hat und was meine Partei von ihm erwarten kann. Er hat mir gesagt, dass er Beschwerden bei den Plakatierungen der Parteien verfolgt und andere Beschwerden interessieren ihn nicht. Trotzdem habe ich mich über einen Journalisten beschwert, der mit mir ein Interview gemacht und meine Worte verdreht, viele wichtige Tatsachen verschwiegen und meinen Verstand in Frage gestellt hat. PW hat mir gesagt, dass er dafür nicht zuständig sei. Ich solle mir einen Anwalt nehmen und persönliche Klage einreichen, war sein Rat. Auf meinen Hinweis, dass die künftigen Wähler meiner Partei, besonders Schweizer mit Migrationshintergrund, www.Partei.der-Secondi.ch, pure Angst haben, da sie von anderen Parteien gedrängt werden, nur etablierte Parteien zu wählen, hat er mit der Schulter gezuckt. Auf meine Frage, ob er seine Position vielleicht parteiisch ausübt, hat er gesagt, dass er neutral ist und dass ich ihm glauben muss.

Dann habe ich von PW folgende Daten, die für meine Kampagne sehr wichtig sind, angefordert:

1. *Eine Statistik, die zeigt, wie viele Schweizer, Schweizer mit Migrationshintergrund und Ausländer in Kreuzlingen leben.*
2. *Aus welchen Staaten kamen die Schweizer mit Migrationshintergrund und wie viele pro Staat leben hier.*

3. *Statistische Daten über Steuereinnahmen der Stadt Kreuzlingen. Eine Tabelle, welche die Anzahl der Steuerzahler, die Summe der Vermögen und die Summe der gesamten Steuereinnahmen für folgende vier Gruppen beinhaltet: Schweizer, Schweizer mit Migrationshintergrund, Ausländer und alle Firmen, die in der Stadt Kreuzlingen tätig sind.*

PW hat mir gesagt, dass diese Daten nicht existieren, dass die Daten geheim sind und dass er den Eindruck hat, dass die Parteien sowieso zu viele Daten veröffentlichen. Ich habe immer gedacht, dass der Souverän in der Schweiz das Recht hat, Einsicht in alle öffentlichen Daten zu haben. PW hat mir Sie, empfohlen, weil er meinte, dass ich diese Daten von Ihnen sicher erhalten werde. Das nehme ich dankend an und stelle Ihnen die gleichen Fragen. Falls Sie diese Daten haben und Sie mir aus irgendwelchen Motiven jene nicht geben wollen, dann haben alle Parteien in Kreuzlingen ein ernsthaftes Problem. Falls Sie die Daten nicht haben, dann frage ich mich, wie Sie eine Stadt führen und regieren wollen, in der eine wichtige politische Gruppe in den Statistiken unterdrückt, ignoriert, fast hätte ich gesagt diskriminiert wird.

Ich bitte Sie, mir zeitnahe die geforderten Daten zu liefern. Sonst bin ich genötigt, weitere Schritte zu unternehmen.

Ich finde bedauerlich, dass die politischen Parteien in Kreuzlingen nicht erkennen können, wie wichtig unsere Partei für Kreuzlingen und für die Schweiz sein wird. Schweizer mit Migrationshintergrund sehen sich in der Mitte zwischen Schweizern und Ausländern, die in der Schweiz leben. Des Weiteren können wir eine Brücke bauen zwischen der Schweiz und vielen anderen Ländern, aus denen wir gekommen sind. Wir können eine Brücke sein zwischen linken und rechten Parteien, die sich meiner Meinung nach heute in einer Patt-Position befinden.

Es leben ca. 1 000 000 Schweizer mit Migrationshintergrund, welche über 15 Jahre alt sind, in der Schweiz, 25 % von diesen sind akademisch ausgebildet. Dieses Potential sollte politisch in einer Partei gebündelt werden, um das Beste für die Schweiz zu leisten.

Da ich diese Mail veröffentlichen möchte, bitte ich meine künftigen Wähler, ihren Kindern und Enkelkindern die Mitgliedschaft in der Partei der Secondi zu bezahlen, weil nur die Secondi politisch dieses Land in eine noch bessere Zukunft führen können.

Ich lebe seit 46 Jahren in der Schweiz. Ich war Saisonier und besitze seit 27 Jahren den Schweizer Pass. Anpassung ist für viele Schweizer ein Zauberwort. Ich habe mich gefragt, an wen ich mich anpassen soll, an gierige Banker, die zwei renommierte Schweizer Banken Pleite gemacht haben, an Manager und Großkapitalisten ohne Skrupel, die die Schweizer Zeitungslandschaft monopolisiert haben, oder an die Schweizer Patrioten, die durch Kantone marschieren und Schweizer mit Migrationshintergrund hindern, sich in manchen Gemeinden niederzulassen. Ich kann mich anpassen an Wilhelm Tell, Henry Dunant oder Albert Einstein. Leider sind die schon lange tot. Ich kenne zurzeit keinen Schweizer, an den ich mich anpassen möchte. Meinen ersten Kontakt mit der besten Demokratie der Welt hatte ich mit Mitgliedern der Wahlkommission. Ich hatte einige Fragen und bekam keine Antwort. Am Ende hat mir ein Mitglied der Wahlkommission gesagt, dass ich froh sein kann, dass ich überhaupt wählen darf. Eine Partei zu gründen sei fast Blasphemie. Das zweite Mitglied der Wahlkommission sagte lediglich, dass Schweizer Politiker zu viele Daten preisgeben.

Ich wollte mit dem Präsidenten der Wahlkommission reden. Empfangen wurde ich durch den Präsidenten und einer Frau, welche Mitglied der Wahlkommission war. Von den beiden habe ich Folgendes zu hören bekommen: dass der Kommissionspräsident nur für die Plakatierungen zuständig sei, dass ich froh sein müsse, dass ich überhaupt in der Schweiz wählen darf, dass die Politiker zu viele statistische Daten veröffentlichen, und falls ich eine Beschwerde habe, sollte ich mir einen Anwalt nehmen. Ein angeblich demokratisches Land, welches solche Personen in der Wahlkommission hat, kann sehr stolz auf das Niveau der Demokratie des Landes sein. Diese Kommentare der Mitglieder der Wahlkommission haben mich tief verletzt. Ich habe mich gefragt, wenn ich mit meinen fast 70 Jahren, von denen ich 50 Jahre in der Schweiz lebe, akademisch ausgebildet, die AHV-Pension erhalte, zwei Schweizer Soldaten diesem Staat geschenkt habe, und dann sagen mir die Mitglieder

der Wahlkommission, dass ich als Kandidat für die Gemeinderatswahlen eigentlich nicht erwünscht bin.

Brief 3: MZ/Kreuzlingen 10.03.2019

Ich bin Kandidat für die Gemeinderatswahlen in Kreuzlingen (31.03.2019) und bin gleichzeitig der Gründer der www.Partei-der-Secondi.ch. Seit ich mich für die Wahlen in Kreuzlingen angemeldet habe, wurde ich tagtäglich mit Verletzungen der Grundrechte konfrontiert:

A. *Ich habe einige sogenannte neue Schweizer getroffen, die Angst haben, ihre Meinung frei zu äußern, weil man ihnen bei der Einbürgerung geraten hat, entweder einer der regierenden Parteien beizutreten oder sich politisch am besten nicht zu engagieren. Laut Statistik gehen nur 2 % der neuen Bürger an die Urne.*
B. *Die Pressefreiheit wird im Kanton Thurgau nur vorgespielt. Zwar wurde ich mehrmals interviewt, aber die Journalisten kamen nicht freiwillig zu mir. Sie hatten die Aufgabe, möglichst wenig über die wahren Ziele unserer Partei zu berichten, um somit eine Art Scheindemokratie zu erfüllen (Tagblatt, Kreuzlinger Zeitung und Kreuzlinger Nachrichten). Eine echte Sensation, dass nämlich laut Statistik seit zwei Jahren mehr Bewohner mit Migrationshintergrund als ohne in der Schweiz leben, wurde einfach ignoriert. Presseeigentümer, Zensur und die Treue zu regierenden Parteien kontrollieren und regieren die Presse. Die Schweizer Pressefreiheit ist in etwa gleich wie in China.*
C. *Damit ich besser verstehen kann, wie die Stadt Kreuzlingen regiert wird, habe ich den Stadtschreiber und den Stadtpräsidenten um verschiedene statistische Daten gebeten (Beilage 1–4). Meine Fragen wurden nicht beantwortet, nicht, weil die Daten nicht vorhanden wären, sondern weil meine politischen Gegner, welche die Stadt regieren, entschieden haben, mir diese Daten vorzuenthalten. Dadurch haben sie versucht, meine Partei und mich aus dem Rennen für die Gemeinderatswahlen zu drängen. Eine Beschwerde beim Kanton wäre nur Zeitverschwendung und diese Zeit habe ich nicht, weil die Wahlen bereits in drei Wochen stattfinden sollten. Ohne diese Daten haben meine Gegner mich mundtot gemacht (Beilage 5).*

Ich weiß nur, wenn Politiker irgendwelche öffentlichen Daten für geheim und nicht vorhanden deklarieren, ist etwas im Busch. Ich bitte die Staatsanwaltschaft mir zu helfen, weil, wie ich es sehe, sie die juristische Macht hat, die geforderten Daten zu verlangen. Diese Daten sollten vom Stadtpräsidenten für alle Bürger von Kreuzlingen veröffentlicht werden. Damit ich noch Zeit habe, meine Wähler zu erreichen, sollten die Gemeinderatswahlen in Kreuzlingen verschoben werden. Für Kreuzlingen und die ganze Schweiz werden die angeforderten Daten, aufgeteilt nach Bevölkerungsgruppen Schweizer, Schweizer mit Migrationshintergrund und Ausländer, sehr lehrreich sein.

Meiner Meinung nach entwickelt sich Kreuzlingen in eine falsche Richtung, nur ca. 15 % der Bevölkerung oder anders ausgedrückt nur ca. 30 % aller Schweizer Bürger gehen wählen. Dementsprechend wählen immer die gleichen Wähler die gleichen regierenden Parteien. Die Politiker meinen, sie stehen auch über dem Gesetz. Die Politiker, welche von einer deutlichen Minderheit gewählt wurden, benehmen sich immer mehr wie Vögte, welche nur die Wünsche ihrer Wähler erfüllen und die Wünsche und Sorgen der Mehrheit der Bevölkerung einfach ignorieren. Die Politiker der regierenden Parteien benehmen sich so, als wüssten sie nicht, was in der Bundesverfassung über die Grundrechte der Menschen festgelegt wurde. Sie verletzen diese Rechte ohne Schamgefühl. Die Schweiz bewegt sich in Richtung Apartheid, wo Menschenrechte ignoriert wurden. Das wäre sehr schade für dieses großartige Land.

Ich habe gelesen, dass in der Schweiz alle Menschen vor dem Gericht gleich sind.

Plötzlich sah ich mich wie eine Figur aus Kafkas Romanen. Diejenigen, welche die Demokratie durch die Wahlen begleiten sollten, haben gezeigt, dass sie dem demokratischen Standard nicht gewachsen sind.

Brief 4: MZ/Kreuzlingen 10.02.2019

Mitteilung von www.Partei-der-Secondi.ch
Sensation.

Seit 2017 hat die Bevölkerungsgruppe mit Migrationsstatus (Ausländer und CH mit Migrationshintergrund ab 15 Jahren, 3 564 000) zahlenmäßig die Bevölkerungsgruppe ohne Migrationshintergrund (Schweizer ab 15 Jahren, 3 486 000) überholt. Falls man die gesamte Bevölkerung anschaut, d. h. auch die unter 15 Jahren, dann ist der Unterschied noch größer. Zusätzlich wurden letztes Jahr 42 000 neue Schweizer eingebürgert.

Bereits seit mindestens einem Jahr sind die Schweizer in der Minderheit. Warum ignorieren die politischen Parteien der Schweiz diese wichtigen Tatsachen? Warum präsentieren sie ihrem Souverän die Wahrheit nicht? Warum sind die Statistiken des Bundes so konzipiert, dass nur wenige in der Lage sind, die tatsächlichen Zahlen zu finden?

Wer manipuliert mit der Wahrheit und wer hintergeht den Souverän?

Über uns:

www.Partei-der-Secondi.ch (PdS) ist eine neue Partei, die für alle Schweizer offen ist, die mit regierenden Parteien nicht zufrieden sind, und besonders für Schweizer mit Migrationshintergrund. Wir wollen diese Schweizer bitten, ihre Töchter und Söhne, die in allen Kantonen der Schweiz verteilt sind, die jungen Secondi als Mitglieder bei der PdS anzumelden. Wir wollen aus den Secondi gute, ehrliche und fleißige CH-Politiker machen. Für uns sind die Secondi die Schweizer der zweiten und dritten Generation, egal aus welcher Familie sie stammen. Wir wollen mindestens 50 % Mitglieder, die jünger als 30 sind. Politisieren wollen wir nicht auf der Straße, wir wollen unsere Mitglieder und Wähler über die sozialen Medien erreichen und pflegen. Die Internetgeneration soll lernen aktiv zu sein und zu politisieren. Die PdS sieht sich in der Mitte der CH-Gesellschaft zwischen den Ausländern und Schweizern, zwischen linken und rechten Parteien. Wir versprechen allen, dass wir gegen jede Art der Diskriminierung in der Schweiz entschieden kämpfen werden.

Es wäre schön, wenn die Frauen und Männer in diesem Sommer stolz die T-Shirts mit dem Druck „Secondi", „Secondo", „Seconda" und „www.Partei-der-Secondi.ch" tragen und dass alle Schweizer verstehen und anerkennen, was diese jungen Frauen und Männer damit ausdrücken wollen.

Die sogenannte Internetgeneration wird bei den nächsten Nationalratswahlen ins Parlament ziehen und wie eine Lawine die alten politischen Strukturen und Parteien ins Out befördern.

Ein eigenes Online-Newsportal aufzubauen, ist ein Muss, dort werden alle, die nicht Hass und Revolution propagieren, ihre Texte veröffentlichen können. Die Presse in der Schweiz ist heute monopolisiert von der Wirtschaft, fähige freie Journalisten haben die Schweiz bereits verlassen.

Mit Brief Nummer 4 wollte ich in der Presse und im Fernsehen eine Diskussion über die demografischen Daten der Schweiz injizieren. Durch das Bundesamt für Statistik bin ich zur Überzeugung gekommen, dass in der Schweiz mehr Menschen mit Migrationshintergrund leben als Schweizer. Für mich war es eine Sensation und ich habe erwartet, dass dies auch für die Schweizer Presse eine Sensation werden könnte. Ich habe diesen Brief an vierzig verschiedene Zeitungen und an das SRF gesandt. Alle haben meine Sensation schlicht ignoriert. Mit diesen Erkenntnissen versuchte ich trotzdem die Listen für die Nationalratswahlen der Partei der Secondi zu füllen. Mir wurde bewusst, dass die Partei der Secondi niemals einen Artikel in der Schweizer Presse platzieren werden kann. Falls ich Geld hätte, könnte ich nur ganzseitige Inserate in Auftrag geben, aber die Partei der Secondi hat keine reichen Spenden gesucht und natürlich auch nicht gefunden. Ich glaubte, dass ich über Internet mehr Erfolg haben würde. Ich versuchte über Facebook-Business die AlibischweizerInnen schweizweit zu erreichen. Über dieses Portal wollte ich vor allem die jungen AlibischweizerInnen erreichen. Es stellte sich jedoch heraus, dass diese jungen Menschen die Aufmerksamkeit einer Fliege besitzen. Obwohl ich Facebook-Business relativ viel Geld bezahlte, meldete sich kein einziger und keine einzige AlibischweizerIn.

Brief 5: MZ/Kreuzlingen 21.02.2019

Sehr geehrte Damen und Herren

- *Die freien Journalisten aus der Schweiz wandern aus, weil die Presse nicht mehr frei ist. Ich sehe mich gezwungen, an die Rundschau bzw. das SRF zu schreiben. Ich hoffe, dass die Fernsehanstalten noch relativ neutral sind. Die Pressebesitzer und die politischen Parteien haben eine Zensur über das Hauptthema der Nationalratswahlen 2019, die Migrationspolitik in der Schweiz, verhängt. Ich habe versucht, einen Leserbrief bei dreißig Zeitungen in der Deutschschweiz zu platzieren, leider ohne Erfolg. Einige haben offen gesagt, dass sie nur Leserbriefe von Abonnenten veröffentlichen. Die Ergebnisse der unüberlegten Schweizer Migrationspolitik möchten die Verursacher, nämlich die regierenden Parteien, am liebsten vergessen. Das Schweizer Fernsehen wird von der Gesamtbevölkerung der Schweiz finanziert und hat jetzt die Chance, die verhängte Presseblockade aufzubrechen und vermehrt über Diskrimination, Migration, Doppelbürger, moderne Sklaven und Herrenrasse zu berichten. Alle Zahlen, die ich präsentiere, sind leicht überprüfbar. Sie sind Profis, die aus diesem Thema genügend gute Beiträge produzieren sollten.*
- *Zuerst möchte ich einige Zahlen darstellen, die mich bewogen haben, eine neue Partei www.Partei-der-Secondi.ch zu gründen. In der Schweiz leben seit über zwei Jahren mehr Menschen mit Migrationshintergrund (ca. 56 %) als Schweizer (ca. 44 %). Ungefähr eine Million Schweizer sind sog. Doppelbürger. Jährlich werden in der Schweiz mindestens 40 000 Menschen zusätzlich eingebürgert. Nur ca. 2 % der Doppelbürger beteiligen sich an den Wahlen. Ein Viertel aller Doppelbürger (immerhin 250 000) besitzen eine akademische Ausbildung und gerade deswegen sind sie bei Schweizer Politikern nicht beliebt. Warum das so ist, muss man die Politiker direkt fragen. Aus 28 EU-Staaten stammen ca. 70 % Doppelbürger und die restlichen ca. 30 % aus*

110 verschiedenen Ländern, verteilt auf alle Kontinente. Diese Menschen sind der Motor der Schweiz und meiner Meinung nach eine Partei, wo sie ihre Qualitäten zeigen können und die Schweizer Politik des 21 Jahrhunderts mitgestalten sollen.

- *Nur 10 bis 20 % der Gesamtbevölkerung der Schweiz gehen regelmäßig wählen. Dieser Anteil variiert je nachdem, ob Referendum, Gemeinde-, Kantons- oder Nationalratswahlen sind. Die vorhandenen menschlichen Ressourcen der Schweiz werden überhaupt nicht ausgeschöpft. Selten ist die Wahlbeteiligung ein Thema für Schweizer Politiker, weil diese Tatsache ihnen passt und sie gerne davon profitieren. Vermehrt setzen sie ihre Mittelmäßigkeit als Standard in Bildung, Politik, Wissenschaft und leider auch in der Wirtschaft (siehe Banken) fest. Die bekannten Hochschulen der Schweiz wurden durch den negativen Einfluss der Politiker zu Mittelmäßigkeit degradiert. Die klugen und brillanten Professoren wurden durch mittelmäßige ersetzt. Die Nationalisten wollen um jeden Preis nur echte Schweizer auf allen Spitzenposten, egal welche Konsequenzen das für die Schweiz langfristig haben wird.*
- *Wenn z. B. 100 000 akademisch ausgebildete Doppelbürger in der Schweizer Politik und Bildung wichtige Posten haben werden, wird dies eine enorme Bereicherung sein. Sie können eine Brücke zwischen Schweizern und Ausländern und zwischen der EU und der Schweiz werden. Leider werden fast alle Doppelbürger nicht nur durch die Schweizer, sondern auch durch die privatisierte Presse verteufelt.*
- *Im Kanton Thurgau wird Doppelbürgern nicht erlaubt, frei gewordene Häuser zu kaufen und sich dort niederzulassen. Die Bürgerwehren tauchen auf und verlangen von Doppelbürgern, vom Kauf des Hauses zurückzutreten und zu verschwinden. In der RS und im WK werden Doppelbürger, die nicht gut Schweizerdeutsch reden, von Kameraden täglich schikaniert. Wie gefährlich und dumm diese Tatsache ist, muss ich hoffentlich nicht erklären. Hier handelt es sich nicht um religiöse Abgrenzung, weil darauf geachtet wird.*
- *Die Diskriminierung erfolgt in der Schweiz überall dort, wo aufgrund des Namens oder der Sprache jemand eindeutig als*

nicht echter Schweizer identifiziert wird. Die Menschen werden diskriminiert von Schweizern, durch überteuerte Versicherungsprämien, durch Verweigerung von Krankenkassenleistungen, von Steuerbehörden z. B. beim Eigenmietwert, bei der Arbeit von Mitarbeitern und Vorgesetzten, bei Mieten, Politik usw. Seit die Politiker die transparente Steuererklärung in der Schweiz abgeschafft haben, wird durch Steuern die Diskriminationspolitik etabliert.

- *In der Schweiz werden statistisch folgende Bevölkerungsgruppen erfasst: Schweizer, Schweizer Doppelbürger und Ausländer. Ob meine Angaben richtig sind, kann einfach durch statistische Vergleiche überprüft werden. Die Diskriminierung in der Schweiz ist weit verbreitet und wird von den politischen Parteien leider geduldet.*
- *Die Parteien setzen die Wünsche ihrer Spender um. Die Schweiz ist eines der wenigen Länder, wo Großkapitalisten eigene Parteien besitzen. Die Politiker sind nur an Geld interessiert und davon fasziniert. Die nichttransparente Zusammenarbeit zwischen Politik und Wirtschaft ist in vielen Staaten verboten und wird strafrechtlich verfolgt. In der Schweiz ist die Finanzierung der Parteien durch Private und Wirtschaftsspenden legal und erwünscht. Dadurch hat sich in der Schweiz eine so genannte Herrenrasse entwickelt, und das sind Schweizer, die gewählt wurden. Im 21. Jahrhundert haben diese mehr Macht als die Vögte in Mittelalter. Sie entscheiden über Aufträge, die von Gemeinden, Städten, Kantonen und vom Bund vergeben werden. Sie entscheiden über freigewordene Posten, über Gelder für Kultur, soziale Leistungen, über Steuersätze, einfach über unser Leben. Ist es in einer Demokratie noch vertretbar, dass 10 bis 20 % der Gesamtbevölkerung so eine Macht besitzen? Für mich ist das eine Art von Apartheid.*
- *Ein Beispiel: Ein lokaler Unternehmer spendet eine Summe an eine oder mehrere Parteien. Er kann die Spenden steuerlich absetzen und bekommt gleichzeitig von der Gemeinde neue Aufträge. Es gibt Unternehmer, die jahrelang von einer Stadt mit den gleichen Jobs beauftragt werden, sodass sie davon sehr gut leben können. Wettbewerb ist Mangelware in der Schweiz. Das*

ist nur deswegen möglich, weil in der Schweiz viele Ausländer leben, die keine Unternehmer sind, die nicht wählen können, die politisch tot sind und brav die Steuerkasse füllen. Diese modernen Sklaven bezahlen überteuerte Krankenkassenprämien, füllen die AHV und die Pensionskassen, bezahlen Wuchermieten und viele von ihnen verschwinden nach einigen Jahren aus der Schweiz. Die Politiker dagegen sorgen für Nachschub, neue fremde Frauen und Männer. In manchen Kantonen wie z. B. Genf leben nur ca. 15 % Schweizer, ca.45 % Doppelbürger und ca. 40 % Ausländer.

- *Die gesamte Schweiz bewegt sich bevölkerungsmäßig Richtung Genf und man muss sich schon fragen, ob die Schweizer Politiker tatsächlich eine Apartheid als neue Staatsform anstreben. Die beste Demokratie der Welt entwickelt sich in eine falsche Richtung und bei der ersten ernsthaften Wirtschaftskrise wird das sichtbar werden, aber leider zu spät.*
- *Wie viele National-, Kantons- und Gemeinderäte man wählen darf, entscheidet die Gesamtzahl der Bevölkerung in den Gemeinden, den Kantonen und im Bund. Beispiel Genf: Dort gehen maximal nur ca. 10 % der Gesamtbevölkerung wählen, aber der Kanton Genf darf acht Nationalräte nach Bern schicken. Warum dürfen die ca. 40 000 Schweizer, die in Genf leben, acht Nationalräte nach Bern entsenden und manche Urkantone nur einen einzigen. Fazit: Im Kanton Genf leben für die Schweizer sehr viele nützliche moderne Sklaven.*
- *Es gibt noch etwas, was sich die Politiker (Herrenrasse) in der Schweiz ausgedacht haben, nämlich die Einschüchterung der neuen Schweizer. Das ist das Schlimmste, was die politischen Parteien seit Jahrzehnten systematisch betreiben. Die fremden Menschen werden erst, nachdem sie Jahrzehnte hier gelebt haben, eingebürgert. Sie müssen einen Antrag stellen, angepasst sein und das Einbürgerungsprozedere absolvieren. In der Einbürgerungskommission sitzen auch die Vertreter der regierenden politischen Parteien. Den neuen Schweizern, denen gerade ihr Bürgerrecht erteilt wurde, wird suggeriert, sich entweder in die Politik nicht einzumischen oder eine der regierenden Parteien zu wählen. Es wird ihnen auch erläutert, welche Vorteile für*

sie und ihre Familie durch eine Parteimitgliedschaft entstehen. Aus Angst und Ehrfurcht folgen die neuen Schweizer dieser Aufforderung der Herrenrasse. Die neuen Schweizer haben begriffen, wie mächtig die Politiker sind, und folgen dem gut gemeinten Rat. Jetzt sind sie auch politisch gut gelenkte Schweizer und bleiben ihren Herren sehr dankbar. Weil viele politisch neutral bleiben wollen, gehen fast 98 % der neuen Schweizer nicht wählen. Eine wichtige Quelle für gute Politiker wird bereits am Anfang zubetoniert.

- *Die politische Herrenrasse, die sich in der Schweiz etabliert hat, wird deutlich sichtbar in Verwaltungen (Gemeinde, Städte, Kanton, Bund), wo die Parteien nach ihrem politischen Verteilungsschlüssel regieren, die Posten verteilen und wo die Ausländer und Doppelbürger nur als Stifte und/oder Hilfsarbeiter angestellt werden. Dort ist Schweizerdeutsch die diskriminierende Herrensprache geworden und die vielen kleinen Vögte sind in ihren Schlössern praktisch unantastbar. Den Außenstehenden werden Halbwahrheiten, falsche und montierte Statistiken präsentiert. Dass sie dadurch auch die beste Demokratie der Welt zerstören, sind sie nicht in der Lage zu erfassen. Sie besitzen Macht, Geld und die Presse, und das genügt.*
- *Konkordat auf Gemeindeebene ist der Schlüssel zur Apartheid.*
- *Das SRF sollte Recherchen und Aufklärungsarbeit starten. Es ist wichtig zu erklären, wie positiv Ausländer die Schweiz beeinflussen und durch ihre wertvolle Arbeit und die finanziellen Beiträge den Wohlstand der Schweizer aufrechterhalten. Leider kenne ich viele ältere Schweizerinnen und Schweizer, die ihre sehr guten Renten nicht genießen können, weil auch ihre ehemaligen ausländischen Arbeitskollegen die gleiche Rente bekommen. Ihrer Überzeugung nach ist das nicht gerecht. Ihr Vorbild ist die amtierende Herrenrasse, die in Verwaltungen und anderen Posten sich Löhne auszahlen, wie es die Vögte nicht besser gemacht hätten.*
- *Eine Änderung der vorgefassten Meinungen über Ausländer und Fremde in der Schweiz wird viel Zeit in Anspruch nehmen. Ich weiß das aus eigener Erfahrung, weil fast alle Schweizer, die ich kenne, meinen, dass Ausländer den Einheimischen die Arbeit*

wegnehmen, und sie typisch schweizerisch ohne böse Absicht diskriminieren.

- *Durch TV-Serien mit hohem Ausländeranteil (wie die USA, Deutschland das erfolgreich gemacht haben) muss das Fernsehen den Schweizern übermitteln, dass die Schweiz ein Einwanderungsland geworden ist und dass alle Schweizer diese Tatsache erkennen und akzeptieren müssen. Die modernen Sklaven müssen sehr bald als Helden in die neue Schweizer Geschichte eingehen, damit die nächsten Generationen ein Miteinander suchen und nicht ein Nebeneinander. Es wird sehr viel Überzeugungsarbeit, deutliche Veränderungen der politischen Landschaft und Mitbeteiligung der Doppelbürger nötig sein, um die Situation zu meistern.*

Die Ergebnisse der Gemeinderatswahlen in Kreuzlingen, die im März 2019 stattfanden, haben gezeigt, dass nur 2400 Wähler an die Urne gingen. Das sind circa 30 % der Gesamtwähler, die in Kreuzlingen leben, und nur 10 % der Gesamtbevölkerung. Diese Ergebnisse der Gemeinderatswahlen haben meine Meinung bestätigt, dass die so von den Schweizern gelobte beste Demokratie der Welt eigentlich eine Farce ist. So eine niedrige Wahlbeteiligung hat mich erschreckt. Ich habe nur sieben direkte Stimmen erhalten, d. h. weder Alibischweizer noch Schweizer selber wollten eine Partei der Secondi haben. Dabei ist zu erwähnen, dass über 3000 Alibischweizer in Kreuzlingen leben. Falls die Hälfte dieser Alibischweizer für mich gestimmt hätte, wäre die Partei der Secondi die stärkste Partei geworden. Leider kommen die Alibischweizer aus über hundert verschiedenen Ländern und leben abseits von der schweizerischen Politik und Gesellschaft. Bei den Wahlen haben die Alibischweizer nichts zu gewinnen. Sehr wenige, schätzungsweise 2 %, interessieren sich überhaupt für die Schweizer Politik und sind meistens Mitglieder einer der regierenden Parteien. Nur diejenigen SchweizerInnen, die für Stadt, Kanton und Bund arbeiten und dementsprechend von den Wahlen profitieren, und diejenigen, die von der Stadt Aufträge bekommen, und ihre Familien haben ein direktes Interesse, wählen zu gehen und dadurch den demokratischen Schein aufrechtzuerhalten. Die schweizerischen Politiker, die jahrelang omnipräsent in der Stadt Kreuzlingen sind, waren nicht durch die niedrige Wahlbeteiligung schockiert, weil die das ja seit Jahrzehnten erleben. Das Proportswahlsystem, welches in der Stadt Kreuzlingen angewendet wurde, gibt am Ende den Anschein, dass jeder gewählte Gemeinderat viele Stimmen bekommen hat, was in Wirklichkeit nur ein Schein ist.

Nachdem ich bei den Gemeinderatswahlen in Kreuzlingen gescheitert bin, wurden mir zwei Dinge klar: erstens, dass die lokalen Schweizer Politiker kein Demokratieverständnis haben, und zweitens, dass AlibischweizerInnen politisch nicht geschult sind und nicht verstehen, welche politische Macht sie besitzen. Der wichtigste Grund, warum die SchweizerInnen eine Scheindemokratie am Leben halten, ist finanzieller und existentieller Natur. Es zeigte sich, dass die Macht und das Geld in Kreuzlingen in wenigen Händen konzentriert sind. Deswegen ist es fast selbstverständlich, dass die Wünsche der wenigen WählerInnen zuerst berücksichtigt werden. Der Rest der Bevölkerung, der nicht wählen geht oder nicht wählen darf, wird einfach links liegen gelassen. Dadurch entsteht ein ungesundes Verhältnis auf der einen Seite zwischen den Herren, welche Macht und Geld haben, und auf der anderen Seite der Mehrheit der Bevölkerung, die aus dem politischen Leben der Schweiz ausgegrenzt und damit mundtot gemacht wird.

Ich habe die Wahlergebnisse und mein Verhalten während der Wahlen kritisch betrachtet und festgestellt, dass auch ich viele Fehler gemacht habe. Im Voraus habe ich mit niemandem über die Partei gesprochen. Meine Idee war geheim, weil ich dachte, jemand könnte meine brillante Idee klauen. Hier möchte ich meine Meinung über die drei Typen der AlibischweizerInnen erläutern. Die sogenannte digitale Generation sind diejenigen, die heute ohne Internet überhaupt nicht mehr leben können. Die mittlere Generation der AlibischweizerInnen ist völlig damit beschäftigt, Kinder und Jobs unter einen Hut zu bringen.

Sie sind als Verbraucher erzogen worden und denken nur daran, auf welche Weise sie das wenige Geld, das sie haben, verpulvern können. In der Politik werden sie nur dann mitmachen, wenn ihnen ein sicherer Posten in einer etablierten Partei angeboten wird. Sie kaufen alles auf Kredit und arbeiten nur dafür, ihre Schulden und Ferien zu finanzieren. Dadurch sind sie manipulierbar und erpressbar. Falls die Partei der Secondi nur hundert Menschen dieser Generation schlussendlich erreicht, wird dies ein Erfolg sein. Die ältere Generation der AlibischweizerInnen hat mehrheitlich mit dem Internet nichts zu tun und vor allem verstehen sie die Möglichkeiten des Internets nicht, Macht und Geld, was hinter dem Internet ist. Ihre Deutschkenntnisse sind zu mangelhaft, um die komplexen Texte auf einer Webseite verstehen zu können. Diese Generation kann man nur durch persönliche Kontakte für die Partei gewinnen. Ich habe die Dummheit der Menschen unterschätzt. Albert Einstein hat einmal gesagt, dass die menschliche Dummheit unendlich ist. Er war ein kluger Mann. Die Einzigen, die meine Absichten sofort verstanden, d. h., dass ich durch die Politik die AlibischweizerInnen zu Macht und Geld in der Schweiz führen möchte, waren die professionellen schweizerischen Politiker. Sie fanden eine einfache Taktik, wie sie mit mir und der Partei der Secondi umgehen wollten, nämlich in der Presse totale Stille und von den PolitikerInnen und SchweizerInnen totale Ignoranz. Diese Taktik, die Arroganz und Ignoranz, haben die SchweizerInnen in den letzten fünfzig Jahren gegenüber den Fremden in diesem Lande perfektioniert. In Wirklichkeit sind in der Schweiz tatsächlich zwei unterschiedliche Klassen vorhanden. Auf einer Seite die Herrenrasse, auf der anderen Seite die politisch inerte und desinteressierte Mehrheit. Damit eine neue Partei Aufmerksamkeit erweckt, muss sie ganzseitige Zeitungsinserate kaufen. Die Partei der Secondi hatte ein kleineres Budget und deswegen war sie für die Schweizer Presse nicht existent. Für mich war es sehr frustrierend, zu erfahren, in welcher Position die Schweizer Politiker die Presselandschaft in der Schweiz besetzt haben. Auf der anderen Seite wusste ich, dass die AlibischweizerInnen eigentlich kaum die

Schweizer Presse lesen und konsumieren und deswegen war ich etwas beruhigt. Um die Nullbock-Generation der AlibischweizerInnen zu erreichen, muss man Videos z. B. auf Instagram, Facebook, Twitter, TikTok, Snapchat und YouTube publizieren.

Für die Nationalratswahlen 2019 haben die regierenden Schweizer Politiker das Klima als einziges Wahlthema ausgewählt und damit der Presse aufgezwungen. Das Migrationsthema war tabu. Dadurch sanken meine Chancen stark, jemanden zu finden, der ein Interesse an der Partei der Secondi hatte. Meiner Meinung nach war die Entscheidung, dass die neuen Mitglieder der Partei der Secondi tausend Franken bezahlen sollten, sehr klug, aber gleichzeitig erschreckend für viele junge Menschen, die kaum Geld zum Überleben haben, und aus dieser Sicht war das mein dummer Fehler. Falls ich irgendwann noch einmal eine Partei in der Schweiz gründen werde, werde ich zuerst, wie alle anderen Schweizer Politiker, Geldgeber suchen, um die Parteigründungskosten zu decken.

Betrachtet man die Wahlbeteiligung bei den Nationalratswahlen 2019, die 45 % (etwa 1,7 Mio. SchweizerInnen) betrug, kommt man zu dem Schluss, dass relativ wenige Menschen sich an diesen Wahlen beteiligt haben. Die restlichen 7 Mio. Einwohner dieses Landes wurden praktisch von diesen Wahlen ferngehalten. Die größte Schweizer Partei, SVP, wurde mit nur ca. 500’000 Stimmen so groß. Nachdem ich das verstanden hatte, wurde mir klar, dass etwas faul im Staate Dänemark ist.

Nachdem ich realisiert hatte, dass ich mit meiner Partei der Secondi weder bei Gemeinderats- noch bei Nationalratswahlen Erfolg haben würde, war ich von der Schweizer Politik angewidert. Ich war frustriert, verärgert, enttäuscht und ich hatte das Gefühl, dass man mich verraten hat. Ich entschied mich, die nächsten Monate dazu zu nutzen, meine Enttäuschung durch die schönen Seiten des Lebens auszugleichen und das Leben zu genießen. Endlich entdeckte ich, dass ich am wunderschönen Bodensee lebe und dass sehr viele Hotels und Restaurants und Vergnügungslokale, vor allem auf der deutschen und österreichischen Seite, vorhanden sind. Es war Sommer 2019, ich war im Ruhestand und hatte glücklicherweise genug Geld, das alles zu entdecken. Dabei ist mir aufgefallen, dass am Bodensee nur wenige exklusive Hotels mit fünf Sternen vorhanden sind und dass mehrheitlich der Tourismus auf die mittlere und die untere Klasse der Deutschen und Österreicher fokussiert ist, d. h. viel schlechtes Essen und mittelmäßige Weine in den meisten Restaurants. Mondänes Leben, welches am Genfersee aufgebaut wurde, wird der Bodensee nie erfahren. Am Bodensee wird Billig- bzw. Massentourismus vor allem für deutsche Bauern und Arbeiter mehrheitlich auf Campingplätzen angeboten. Am Ende der Saison kam ich zu dem Entschluss, dass die besten Hotels, die besten Restaurants, die beste Therme, die besten Bordelle in Konstanz sind. Das hat mich positiv überrascht. Seitdem irre ich nicht mit Kursschiffen auf dem Bodensee, sondern besuche die Konstanzer Hotels. Diese Hotels haben sehr gute Wellness-Oasen. Dort entdeckte ich, dass durch Saunagänge, kombiniert mit Massagen und erneutem Saunagang, mein Körper richtige Glückshormone ausstößt. Dadurch wurde ich plötzlich einer der zufriedensten Menschen auf dieser Erde. Ich habe meine negative politische Erfahrung und meine Enttäuschung endlich besiegt und ich wurde wieder ein aktiver Rentier. Ich habe verstanden, dass man mit Geld fast alles kaufen kann, und habe überall ordentliches Trinkgeld gegeben, damit sich die Menschen an mich erinnern. Nachdem ich mich im Sommer 2019 von den politischen Strapazen und von der Schweizer Politik erholt hatte, war ich der Überzeugung, dass mein politisches Engagement gescheitert war. Ich hatte genug von der Politik.

APARTHEID

Im Oktober 2019 habe ich die Homepage, das Postfach, das Bankkonto der Partei der Secondi gekündigt und mit der Entfernung der Tafel am Eingang meines Hauses war für mich die Partei der Secondi Geschichte. Ich ahnte jedoch nicht, dass einige krankhafte Schweizer Nationalisten, welche leider den Beamtenstatus besaßen, mit mir noch nicht abgeschlossen hatten.

Während dieser neun Monate, in denen ich versucht habe, eine neue Partei in der Schweiz zu etablieren, schlugen mir von allen SchweizerInnen, AlibischweizerInnen und AusländerInnen nur Ignoranz, Hass und Furcht entgegen. In einem Punkt war ich sehr enttäuscht, weil ich in meinem engeren und weiteren Familienkreis keine Person gesehen habe, die intellektuell im Stande war, dass ich meine politischen Ansichten mit ihr hätte teilen können. Keiner versuchte mit mir über die Partei der Secondi, über meine emotionale Befindlichkeit und über mich als Mensch zu reden. Damals wusste ich nicht, dass die dummen Ansichten, der Neid und die Missgunst, welche mich während dieser zehn Monate verfolgten, mich noch jahrelang danach weiterverfolgen würden. Die Schweizer, die in verschiedenen handwerklichen Betrieben tätig waren, haben beschlossen, mich und mein Haus zu ignorieren. Der einzige Grund, warum sie sich so benahmen, ist die Tatsache, dass ich mich erlaubt habe, eine eigene Partei zu gründen. Jeder Schweizer ist der Meinung, dass nur die Schweizer politisieren dürfen und dass die Alibischweizer zuschauen sollen, wie sie regieren. Die Schikane der Handwerker muss man sich so vorstellen: Ein Hausbesitzer benötigt eine Sanitärfirma, eine Elektrofirma, einen Schreiner, einen Maler etc. Als ich diese Firmen kontaktierte, um einen Auftrag zu erteilen, riefen sie mich nicht mehr zurück. Plötzlich war ich für diese Handwerker zur Persona non grata geworden. Sie haben sich die Freiheit genommen, die

Menschen politisch zu verfolgen. Ich glaube nicht, dass ihnen bewusst war, welche Dummheit sie machten.

Die folgenden unangenehmen Erlebnisse ereigneten sich mit Stadt- und Bundesbeamten. Jeder Beamter, welcher an einer Schlüsselposition saß, betrachtete mich als Feind und versuchte mich einzuschüchtern. Technische Betriebe haben grundlos Überprüfungen meiner elektrischen Installationen in den Parteiräumen veranlasst. Es ging nur darum, mir ihre Macht zu demonstrieren. Die Überprüfung der Elektroinstallationen hat gezeigt, dass alles in Ordnung war. Ein Bundesbeamter, ein Zöllner, war sehr unangenehm und penetrant. Eines Tages bekam ich vom Bundesamt für Zollwesen einen Brief, unterschrieben von diesem Zöllner, der mich aufforderte zu beweisen, dass ich die Schweizer Mehrwertsteuer für ein Fahrrad, welches ich in Konstanz erworben hatte, bezahlt hatte. Mittlerweile bemerkte ich, dass ich die Rechnung für das Fahrrad verloren hatte. Wahrscheinlich fand jemand vom Zoll die Rechnung auf der Straße, und anstatt diese in meinen Briefkasten zu werfen, da sie täglich an meinem Haus vorbeifuhren, versuchte ein Zöllner, dies als Druckmittel gegen mich zu verwenden. Nachdem ich auf den Brief nicht reagierte, meldete er sich telefonisch und versuchte mich einzuschüchtern. Er befahl mir, dass ich zum Emmishofer Zoll gehe und das mit dem Fahrrad kläre. Ich habe beim Fahrradgeschäft eine Rechnungskopie bekommen und ging zum Emmishofer Zoll. Dort traf ich einen älteren Zöllner, welcher mich seit vielen Jahren kennt, da ich direkt an der Grenze seit über 22 Jahren ein Haus besitze und dort lebe. Nachdem ich ihm meine Geschichte erzählt hatte, rief er den jungen Zöllner an und diese sprachen fast eine halbe Stunde miteinander. Danach kam der alte Zöllner und gab mir meine Rechnung zurück mit einem Stempel, welcher besagte, dass ich die Mehrwertsteuer bezahlt hatte. Danach fragte ich, ob ich weiter belästigt werde, er sagte nein. Leider hat der penetrante und begrenzte Zöllner nicht aufgegeben. Wahrscheinlich hat er ein Kontaktverbot bekommen, mich direkt zu belästigen, hat jedoch seinem Kollegen erzählt, dass ich ein Drogenbaron bin und dass man mich unter Druck setzen muss.

Nachdem ich eines Tages eine Jacke in Konstanz gekauft hatte, wurde ich von einem Auto der Grenzwache mit quietschenden Reifen am Eingang meines Hauses gestoppt. Ein Beamter verlangte meinen Ausweis und wollte sehen, was ich in der Tasche hatte. Zolltechnisch war alles in Ordnung und trotzdem wollte ich diese und andere Vorfälle nicht mehr dulden. Ich überlegte, was ich in so einer Situation tun kann. Mir war bewusst, dass die Beamten in ihrer Position geschützt sind, und andererseits habe ich verstanden, dass sie keine Angst vor der Schweizer Justiz haben, weil, wie bereits erwähnt, die Staatsanwälte und Richter Parteimitglieder sind, und damit gehören sie dem regierenden Establishment.

Durch mein politisches Engagement ist mir klargeworden, dass sich ein Alibischweizer in der Schweiz nicht in die Politik einmischen darf, dass die Pressefreiheit nicht vorhanden ist und dass die Bundesbeamten willkürlich ihre Machtpositionen ausnutzen dürfen.

Ich habe darüber scharf nachgedacht und bin zu dem Schluss gekommen, dass die Schweizer PolitikerInnen vor ca. 40 Jahren entschieden haben, die demokratischen Grundregeln in der Schweiz zu verändern. Sie haben entschieden, mehr Ausländer einzubürgern, aber trotzdem sollte die absolute politische Macht in den Händen der Schweizer bleiben. Mit einem einfachen Gesetz, das durch das Parlament verabschiedet wurde, nämlich, dass die Steuererklärungen nicht mehr öffentlich zugänglich sind, sondern geheim bleiben, haben sie ihr Ziel erreicht. Früher genügte es, sich ins Steueramt zu begeben und um Einsicht in die Steuererklärung z. B. seines Nachbarn zu bitten, und man erhielt die gewünschte Einsicht.

Die PolitikerInnen wollten jetzt nicht mehr erlauben, dass sogar die Fremden das Recht zur Einsicht ihrer Steuern haben. Mit dem Steuererklärungsgesetz haben die Schweizer Politiker meiner Meinung nach Apartheid in der Schweiz gesetzlich verankert. Es gibt niemanden, der die Vermögensverhältnisse der Schweizer PolitikerInnen vor und am Ende ihrer Amtsperiode kontrolliert.

Mit diesem Gesetz wurden alle anderen Menschen in der Schweiz tatsächlich Menschen zweiter Klasse, weil sie nicht dieselben Möglichkeiten haben wie die politisch engagierten SchweizerInnen. Diese Tatsache zeigt die ganze Problematik der Schweizer Politik.

Fakt ist, dass alle Referenden und Wahlen in der Schweiz nach internationalen Normen nicht demokratisch sind, weil nur ein geringer Anteil der Gesamtbevölkerung wählen geht. Nach internationalen Normen, wenn die Wahlbeteiligung unter 50 % liegt, müssten die Wahlen unbedingt wiederholt werden. Darüber hinaus politisieren die PolitikerInnen der regierenden Schweizer Parteien nur im Sinne ihrer Wähler und sie versuchen nur die Wünsche der Wähler zu erfüllen. Die Interessen der Gesamtbevölkerung in Kreuzlingen bzw. in der Schweiz sind den schweizerischen Politikern nicht wichtig, weil das keine Wähler sind. Wenn durch die niedrige Wahlbeteiligung nur 10 % der Menschen in Kreuzlingen Entscheidungen treffen, dann kann man nicht über eine Demokratie reden. Das ist pure Apartheid. Durch ihre Milizarmee sind die Schweizer PolitikerInnen in ihren Parteien sehr gut vernetzt und kommunizieren alle wichtigen Daten nur über diese Partei-/Militärkanäle. Alle Entscheidungen werden dadurch für den Rest der Bevölkerung nicht transparent. Die Parteiorganisationen auf Gemeindeebene agieren ähnlich wie die Mafiosi. Mir ist aufgefallen, dass vor allem die jungen Schweizer PolitikerInnen, die in Apartheid geboren sind, die Regeln der Demokratie nicht kennen, sondern bemüht sind, möglichst viele Menschen von der Politik fernzuhalten, auch mit ungesetzlichen Mitteln.

Die politischen Parteien sind im normalen Leben ständig in Konkurrenz zueinander. SchweizerInnen wählen fast immer die gleiche Partei wie ihre Eltern und Großeltern. Hier möchte ich ein Beispiel darlegen. Wenn ein Schweizer Politiker z. B.

gefragt wird, ob in der Schweiz genügend Atomschutzkeller vorhanden sind, dann antwortet er: ja selbstverständlich. Dabei ist zu beachten, dass er nicht an die Gesamtbevölkerung denkt, sondern nur an die Wähler der Schweizer Parteien, und das ist sehr gemein. Für diese gibt es genug Platz, die anderen sind in seinen Gedanken überhaupt nicht vorhanden. Ein alter Bundesrat hat vor circa 20 Jahren angefangen, Fremdenfeindlichkeit in der Schweiz zu schüren. Mit einfachen Parolen wie „kriminelle Ausländer raus“ hat er erreicht, dass bei den die SchweizerInnen die Botschaft „Ausländer raus“ ankam. Dies ist in ihren Köpfen geblieben. Aus einer berechtigten Forderung, dass kriminelle Ausländer ausgeschafft werden sollen, wurde somit eine fremdenfeindliche Parole. In einem Land, wo man den Saisonier-Status erst vor circa 30 Jahren aufgehoben hat, ist es gefährlich, gegen die Fremden zu hetzen. Eine Tatsache ist, dass die Saisonarbeiter damals ihre Kinder nicht mit in die Schweiz bringen durften, das war gesetzlich verboten und solche Kinder, die trotzdem in der Schweiz waren, haben praktisch im Untergrund gelebt. Diese inhumanen Erlebnisse haben sich in die Psyche der Menschen tief eingeprägt. Der besagte Bundesrat hat mit seinen Parolen noch etwas in der Schweiz erreicht. Nachdem die kriminellen Ausländer in der Schweiz ausgeschafft wurden, sind ihre kriminellen Geschäfte in der Schweiz trotzdem weitergegangen. Ihre Rolle haben jetzt die kriminellen Schweizer übernommen. Nur diese kriminellen Schweizer waren klug genug und haben vorgesorgt: Alle wurden Mitglieder einer der regierenden Schweizer Parteien und damit erhielten sie automatisch Schutz von der Justiz, weil, wie ich schon einmal erwähnt habe, die Politiker Arbeitgeber der Staatsanwälte und Richter sind. Somit hat der alte Bundesrat dafür gesorgt, dass Kriminelle ein Bestandteil des politischen Establishments auf Gemeinde-, Kantons- und Bundesebene in der Schweiz wurden. Sein Hauptanliegen war genau die geschilderte Änderung, weil er tiefgründig alle linken Gedanken der Schweizer verachtete.

Da die Schweizer Milizsoldaten sind, sind alle Parteimitglieder automatisch Parteisoldaten geworden. Die Parteien agieren kantonal und ich habe den Eindruck gewonnen, dass die Parteisoldaten im Falle eines Krieges eher auf der Seite der kantonalen Partei agieren werden als im Sinne der Eidgenossenschaft. Die vier regierenden politischen Parteien regieren die Schweiz durch ein Konkordat das praktisch für Gemeinden, Kanton und Bund praktiziert wird. Die rivalisierenden Parteien wurden erst durch das Konkordat gezwungen und gelehrt, auf allen politischen Ebenen mit anderen politischen Parteien zu kooperieren und Kompromisse auszuarbeiten. Für einen Außenstehenden sehen diese Kompromisse wie pure Korruption aus. Da wird für jeden Posten, für jede öffentliche Arbeit gefeilscht, an wen das verteilt wird. Falls die Schweizer Politiker nach besonderen Qualitäten ausgewählt werden würden, wie das bei Spitzensportlern der Fall ist, dann würden nur 20 % der jetzigen Politiker ihren Posten behalten dürfen. Die restlichen 80 % würden meiner Meinung nach AlibischweizerInnen sein.

Nachdem ich all das begriffen hatte, entschied ich mich, die Parteipräsidenten der regierenden Schweizer Parteien anzuschreiben. Meiner Meinung nach waren sie die Einzigen, welche die politische Situation in der Schweiz ändern könnten. Die 20 % der Gesamtbevölkerung, die an den Nationalratswahlen teilgenommen haben, sind in Wirklichkeit diejenigen, die die Schweiz besitzen, die Schweiz regieren und die Schweiz verwalten. Für eine echte Demokratie ist der Wähleranteil zu niedrig und ein politisches System, bei dem die Mehrheit der Bevölkerung durch eine Minderheit regiert wird, ist meiner Meinung nach, tatsächlich eine Apartheid. Die wichtigen statistischen Daten über die Migration, über die wirtschaftliche Situation und der Überblick, wer in der Schweiz eigentlich die Zeche bezahlt, wird nur in diesem Kreis zirkulieren. In den Bezirken werden die Chefs der regierenden politischen Parteien plötzlich so mächtig, dass sie im Stande sind, nach ihrem Gusto die AlibischweizerInnen und Ausländer wegen ihres politischen Engagements oder ihrer Ansichten zu schikanieren. Manchmal geht das so weit, dass man in Kauf nimmt, Existenzen der Menschen zu vernichten.

All diese Überlegungen haben mich dazu getrieben, einen Brief an die Parteipräsidenten der regierenden Schweizer Parteien zu schreiben.

Brief 6: MZ/Kreuzlingen 05.02.2020

Einschreiben

An die Parteipräsidentin der FDP
An die Parteipräsidenten von SVP, CVP, SP

Apartheid

Sehr geehrte Damen und Herren,

ich habe 2018 eine Partei gegründet und versucht, einen Platz neben den existierenden Parteien zu finden. Ich bin gescheitert und durch die Analyse meines Scheiterns bin ich zu Fakten gekommen, die ich Ihnen offenlegen möchte.

Die Ergebnisse der Nationalratswahlen 2019 zeigen, dass nur 45 % der registrierten Wähler an Wahlen teilgenommen haben. Diese 160 000 Wähler machen nur 20 % der Gesamtbevölkerung der Schweiz aus. Ich werde einfachheitshalber dieser Wähler weiter im Text Urschweizer nennen. Die Urschweizer sind diejenigen, welche die Schweiz besitzen, regieren, verwalten, schützen und von der Schweiz leben. Dazu gehören auch die Mitglieder ihrer Familien. Mindestens 50 % der Urschweizer sind älter als 60 Jahre. Die Urschweizer sind Mitglieder verschiedener Parteien. Diese Parteien sind in privatem Besitz ihrer Mitglieder und politisieren ausschließlich in ihrem Interesse. Die Mitglieder honorieren das mit Spenden und werden dafür mit Stellen in Verwaltung, Parteifunktionen, mit Aufträgen oder Bundesrats-, Kantonsrats-, Gemeinderats- und Stadtratsjobs belohnt. Jede Partei ist verpflichtet, mit anderen regierenden Parteien zu kooperieren, und das nennt man Konkordanz. Alle Urschweizer, egal aus welcher Partei sie kommen, kommunizieren nett und korrekt untereinander. Gemeinsam bilden sie sehr erfolgreich eine Elite, welche die absolute politische Macht in der Schweiz besitzt. Sie wählen Bundesräte, Richter, Bundesrichter, Staatsanwälte, Polizeichefs, Diplomaten und alle anderen, welche mächtige und für die Schweiz wichtige Jobs erledigen. Durch Kompromisse, Zugeständnisse und mit Steuergeldern wird auf allen Ebenen jede regierende Partei auf Gemeinde-, Kantons- und Bundesebene zufriedengestellt. Die Urschweizer wissen, dass das Konstrukt auf Bundesebene wie ein Kartenhaus zusammenfallen kann, falls eine regierende Partei aussteigen sollte. Ich muss festhalten, dass die regierenden politischen Parteien auf Bundesebene in der Vergangenheit und auch heute eine hervorragende Arbeit geleistet haben. Aber wer die absolute politische Macht besitzt, muss sich im Klaren sein, dass er die absolute Verantwortung für die Zukunft der Schweiz hat.

Durch diese absolute Kompromissbereitschaft sind während Jahren einige Fehler passiert, die man bereitwillig übersehen hat. Die Grundrechte von nicht Urschweizern wurden massiv eingeschränkt. Pressefreiheit, Steuergleichheit, freie Marktwirtschaft, um nur einige zu nennen, sind Kompromissen zum Opfer gefallen. Daran haben die Urschweizer auch gedacht, denn es gibt kein Verfassungsgericht, wo man seine Grundrechte einklagen könnte. Durch die eigene schweizerdeutsche Sprache und durch Parteimitgliedschaft wird eine Politik der Ausgrenzung gelebt. Wer nicht mit uns ist, wer nicht Urschweizer ist, ist gegen uns und wird politisch ignoriert. Diese Leichtigkeit und Selbstverständlichkeit, mit welchen die Urschweizer alle Nichtwähler in unserem Land politisch diskriminieren, habe ich nur bei den Buren in Südafrika beobachtet. Das Hauptproblem, welches die regierenden Parteien heute haben, ist der Nachwuchs. Die jetzige Generation der jungen Urschweizer ist in diesem System aufgewachsen und hat keine Ahnung, was eine richtige Demokratie ist.

Sieben Millionen Nichtwähler, die in der Schweiz leben, sind Schweizer, die aus irgendeinem Prinzip nicht wählen wollen, Schweizer, deren Vater oder Mutter Ausländer waren, Schweizer Doppelbürger und natürlich Ausländer. Über 70 % dieser Menschen sind jünger als 60 und fast eine Million hat eine akademische Ausbildung. Man sollte diese Menschen als Bereicherung der Schweiz sehen, aber viele Urschweizer sehen in diesen Menschen eine Gefahr für die Schweiz. Meiner Meinung nach leben diese Menschen in Apartheid, weil ihnen der Zugang zur Schweizer Politik durch amtierende politische Parteien und fehlende Grundrechte wie Pressefreiheit, Steuergleichheit und freie Marktwirtschaft verwehrt wird. Es muss den fähigen und gut ausgebildeten Schweizern der Zugang zu Machtpositionen in diesem Land ermöglicht werden.

Quo vadis Schweiz?

Bei den Gemeinderatswahlen 2019 in Kreuzlingen sind 30 % Urschweizer an die Urne gegangen, das sind gerade 10 % der Gesamtbevölkerung. 90 % der Nichtwähler haben nicht einmal zugeschaut, weil sie von den Wahlen in keiner Weise profitieren können. Das wird die Zukunft der Schweizer Politik, falls Sie, meine Damen und Herren, so weitermachen.

Meine Frau, übrigens eine wahre Urschweizerin, fragte mich, warum ich mir überhaupt erlaube, an hohe Damen und Herren zu schreiben, und ich antwortete ihr, dass ich schreiben muss, weil ich ein besorgter Schweizer Opa bin.

Ich hätte ein paar Tipps für einen neuen Start in die wahre Demokratie:

1. *Die Schweiz muss sich als Einwanderungsland wie die USA und Kanada bekennen, weil sie das in Wirklichkeit bereits ist.*
2. *Es muss eine tiefgreifende Aufklärungskampagne gestartet werden, welche die wirtschaftliche und politische Rolle der Urschweizer, der Schweizer und der Ausländer in der Schweiz in der Vergangenheit aufarbeitet und erklärt, wie sich dies auf die Schweiz ausgewirkt hat.*
3. *Die politischen Parteien sollen vom Bund finanziert werden.*
4. *Das Bankgeheimnis muss fallen.*

Meine Damen und Herren, alles liegt in Ihren Händen.

Freundliche Grüße
Zoran Mitrovic

Ich war sehr erleichtert, nachdem ich diesen Brief verfasst und abgeschickt hatte, und wusste auch, dass es in der Schweizer Politik sehr viele Politiker gibt, die sich mit Apartheid völlig identifizieren. Deswegegen vermutete ich, dass mein Brief für mich Konsequenzen bringen konnte. In undemokratischen Ländern wird so ein Brief mit Gefängnis, vielleicht Folter beantwortet. Die regierenden Schweizer Politiker wissen, dass nur der liebe Gott über ihnen steht. Es gibt keine politische oder rechtliche Instanz in dieser Konföderation, die über dem Parlament und dem Bundesrat steht. Ein einfacher Bürger kann die politische Elite nur am Fernseher bewundern und darf sich selber dazu nicht äußern. Ich wollte mit meinem Brief diese Möchtegernhalbgötter aus ihrem Schlaf wecken. Ich hoffte, dass mindestens ein Vertreter einer Partei die Größe hätte, Kontakt mit mir aufzunehmen, weil die Behauptungen, welche ich im Brief schrieb, sehr heftig waren. Natürlich haben die schweizerischen Halbgötter mich und meinen Brief ignoriert. Statt einen demokratischen Dialog mit mir zu suchen, da ich leider ein freier Schweizer Bürger bin und nach der Verfassung ein Recht auf freie Meinungsäußerung habe, haben ein oder mehrere Parteipräsidenten meine Verfolgung angeordnet. Die vier Parteipräsidenten sollten die Einzigen sein, die über mein Brief Bescheid wussten.

Nachdem ich die eingeschriebenen Briefe an die verschiedenen Parteipräsidenten abgeschickt hatte, fuhr ich mit dem Fahrrad nach Konstanz und reservierte mir ein Zimmer für fünf Tage in einem Wellnesshotel. Ich hoffte, im Hotel eine gewisse Ruhe und Erholung zu finden. Die Schikanen, die ich von Schweizer Politikern und Beamten in den letzten Monaten erdulden musste, haben mich noch einmal angewidert und beunruhigt. Auf neutralem Boden hoffte ich, besser zu erkennen, ob und was um mich herum überhaupt passieren wird. Bereits beim Einchecken, ca. fünf Stunden nach meiner Reservation, wurde ich mehrmals gefragt, ob ich geschäftlich oder privat in Konstanz weilte. Natürlich sagte ich, ich sei privat da. Mir wurde bewusst, dass die Schweizer Behörden einen Zugang auf die Anmeldungen der neuen Hotelgäste in Konstanz verfolgen konnten und dass ich jetzt auch auf ihrem Radar war. Bereits am Abend kamen die ersten Schweizer Beamten in Zivil in die Bar des Hotels, wo ich saß und meinen Wein trank. Sie waren laut, und da wir die einzigen Gäste waren, verstand ich, dass sie meinetwegen da waren. Sie haben laut über ihre Erlebnisse an der Grenze gesprochen und haben mir eine deutliche Botschaft geschickt, und zwar, dass ich auch in Deutschland für sie erreichbar bin. Der Barmann hatte sicherlich Instruktionen bekommen mich auszufragen, was ich in Konstanz mache.

Am nächsten Tag bin ich mit dem Fahrrad nach Hause gefahren, habe daheim einige Dinge erledigt und ging danach zurück ins Hotel. Nach dem Mittagessen zündete ich mir eine Zigarre an. Es war kalt, aber sonnig. Daraufhin setzte ich mich ans Rheinufer und schon bald kam ein Schweizer Beamter in Zivil mit einem Drogenhund auf mich zu. Aufgrund seiner Sprache wusste ich sofort, wer er ist. Er ließ den Hund frei auf mich zulaufen, woraufhin dieser mich beschnüffelte. Damit war die Geschichte erledigt. Ich habe noch andere Grenzwächter in Zivil gesehen, da ihre Präsenz durch ihre Sprache für mich leicht zu erkennen war. Für alle Beamten, die mich in Zukunft verfolgten, war ich ein schwieriger Fall, weil ich aus gesundheitlichen Gründen weder ein Handy noch das Internet benutzen kann. Deswegen suchten sie einen engen Kontakt mit mir, da sie überzeugt waren, dass ich nur durch die persönliche Begegnung Informationen weitergeben kann. Sie vermuteten wahrscheinlich, dass ich meinen Brief an die Parteipräsidenten an die deutsche Presse aushändigen wollte.

Am Abend saß ich an der Bar und plauderte erneut mit dem Barmann. Es befanden sich keine lauten Schweizer Beamten mehr dort. Es war ruhig. Am nächsten Morgen war ich in der Sauna und mir ist wahrscheinlich mein erster persönlicher Spion aufgefallen. Es war ein unauffälliger Schweizer, der meiner Meinung nach nicht gern in die Sauna ging, aber berufsmäßig musste er sich ausziehen und, in diesem Falle, nackt spionieren.

Später habe ich erfahren, dass er ein Zimmer neben meinem Zimmer bekommen hat, um eventuelle Vorkommnisse zu beobachten. Da ich während meines Aufenthaltes im Hotel keine Kontakte mit irgendjemandem hatte, war die Arbeit des Spions umsonst. Nach vier Nächten habe ich ausgecheckt, um mit dem Taxi nach Hause zu fahren. Einige Tage nachdem ich wieder zuhause war, bemerkte ich, dass am Hauptzoll, welcher sich vis-à-vis meinem Haus befindet, zwei Kameras und ein Bewegungsmelder installiert wurden. Ich lebe direkt an der deutschen Grenze und war es gewohnt, fast täglich nach Konstanz spazieren zu gehen. Seit meinem Hotelaufenthalt haben mich in Konstanz bei meinen Spaziergängen weitere Unbekannte beschattet. Ich war nie allein und habe mich gewundert, wie amateurhaft diese Beobachter arbeiten. Ich bin davon ausgegangen, dass die zivilen Zollbeamten, die mich beobachtet haben, sich relativ schnell zurückziehen mussten, um ihren Platz für die „echten" Spione zu räumen. Ich denke, dass die Grenzwächter im Auftrag des erwähnten Zöllners da waren. Ich habe mich gefragt, wenn ein einziger Zollbeamter ca. ein Dutzend seiner Kameraden bewegen kann, etwas Ungesetzliches im Ausland zu machen, was kann er dann bewegen, wenn es sich tatsächlich um etwas Materielles, um Gewinne, handelt. Vor dreißig Jahren wurden fast alle Zöllner, die ich gekannt habe, aus anderen Kantonen gebracht, um hier zu arbeiten. Sie haben hier ihre Familien mitgebracht und haben hier gelebt. Die jetzigen Zollbeamten und Grenzwächter, die man an der Grenze trifft, sind meistens Thurgauer, und da Thurgau ein Staat ist, empfinde ich dies als sehr gefährlich. Dadurch entstehen Seilschaften, welche nicht die Interessen des Bundes, sondern die des Kantons vertreten. Ich möchte es an einem einfachen Beispiel erläutern. Die Chemiker, welche das Abwasser des Kantons Zürich untersuchen, sind zu dem Schluss gekommen, dass in Zürich jedes Jahr ca. fünf Tonnen Kokain konsumiert werden. Auf der anderen Seite hat man in den letzten zwanzig Jahren nie gehört, dass irgendjemand für diese große, jährlich sich wiederholende Menge Kokains verhaftet wurde. Für einen normalen Bürger, wie ich es bin, ist diese Tatsache sehr befremdlich.

Plötzlich bemerkte ich, dass mein Internet, mein Telefon sowie mein Fernseher angezapft wurden, wobei ich anmerken muss, dass diese Geräte auf meine Frau und nicht auf mich angemeldet sind. An meinem Fernsehempfang konnte ich durch Bildbewegungen erkennen, dass etwas im Hintergrund läuft. Nachdem wir diesen Vorfall bemerkt hatten, ist ein Swisscom Techniker gekommen und hat die TV-Box ausgetauscht, aber der Empfang blieb gleich schlecht. Ein zweites Mal, als er gekommen ist, hat er ein neues Kabel verlegt und wahrscheinlich die Mikrofone, die im Fernsehgerät vorhanden sind, aktiviert. Seitdem wurde die Wohnung von meiner Frau und mir ständig abgehört. Ich gehe davon aus, dass irgendwelche Menschen mich und mein Haus ohne irgendeine gesetzliche Grundlage ausspionierten. Ich vermute, dass die Beamten täglich meine Korrespondenz, meine Telefonate und meine persönlichen Gespräche, die ich in meiner Wohnung geführt habe, verfolgten, und zwar aus den Räumen des Zollgebäudes, welches sich vis-à-vis meinem Haus befindet. Ich konnte beobachten, wie diese Menschen mit ihren Autos kamen und gingen. Es gab eine Frau, welche Übersetzerin war, weil ich mit meiner Frau meistens in meiner Muttersprache kommunizierte. Deswegen mussten sie jedes Gespräch übersetzen lassen. Viele von diesen Möchtegern-Spionen haben sehr viel samstags und sonntags gearbeitet, wahrscheinlich, weil sie an diesen Tagen eine bessere Besoldung erhielten. Zuerst haben mich diese Spionage-Aktivitäten amüsiert, weil ich wusste, dass ich nie in meinem Leben etwas Ungesetzliches getan hatte und auch nicht tun werde. Mit der Zeit habe ich mir überlegt, welche Kräfte in diesem Land so undemokratisch agieren dürfen, und ich war mir plötzlich nicht mehr sicher, obwohl diese Menschen im Zollgebäude hausten, ob diese Menschen nicht Rechtsextremisten sind. Nachdem ich mir nicht mehr sicher war, was da überhaupt abläuft, entschied ich mich, einen Anwalt zu konsultieren. Ich schilderte dem Anwalt, was ich in den letzten Monaten mit der Zollbehörde erlebt hatte, und äußerte meinen Verdacht, dass mich jemand ausspioniert. Er verfasste einen Brief an das Bundesamt für Zollwesen und wir bekamen eine

Antwort. Unter anderem war für mich ein wichtiger Satz im Brief vorhanden, welcher erstmals meine Vermutung bestätigte, dass eine Bundesbehörde die Videokameras installiert hatte. Am Anfang unseres Gespräches hat mir der Anwalt sofort gesagt, dass mich in der Schweiz niemand verfolgen darf, wenn ich meine Steuern bezahle. Nachdem er von der Zollbehörde Informationen bekommen hatte, dass mich tatsächlich eine andere Bundesbehörde verfolgte, wusste er genau, welche Behörde das war, und das hat ihn erschreckt. Er kassierte sein Honorar und er legte sein Mandat sofort nieder. Ich habe scharf nachgedacht und bin zu folgendem Schluss gekommen:

Die Observierung dauerte zu lange und ich hatte Bedenken, warum das so ist. Ich wollte eigentlich die Observierer verleiten, mich irgendwie anzuklagen. Aber wahrscheinlich wussten sie, gleich wie ich, dass man die Daten, die sie illegal gesammelt hatten, in keinem Prozess verwenden konnte. Sie waren weiterhin überzeugt, dass ich ein internationaler Spion bin und dass ich mich eines Tages an andere Staaten, wie z. B. China, Deutschland, Russland etc. wenden werde. Ich wusste nicht, was sich im Bundesgebäude vis-à-vis von meinem Haus genau abspielte, aber aufgrund der Autos, die vor meinem Gebäude parkiert waren und ausschließlich Thurgauer Autokennzeichnen hatten, konnte ich mir Folgendes überlegen: Vor einigen Jahren, als die islamischen Terroristen europäische Städte angegriffen und sehr viele unschuldige Menschen in verschiedenen europäischen Ländern umgebracht hatten, haben die regierenden politischen Parteien in der Schweiz gemeinsam entschieden, einen Verfassungsschutz zu etablieren.

Die treibende Kraft war die SVP. Die Bundesräte mussten schnell handeln und deswegen haben sie weder parlamentarische noch gesetzliche Normen beachtet. Damit wurde der Verfassungsschutz eine rechtlich gesehen ungesetzliche Behörde, die weder dem Parlament noch dem Bundesrat unterstellt war. In einem Staat, der kein Verfassungsgericht hat, ist meiner Meinung nach ein Verfassungsschutz fehl am Platz und gefährlich. Die Tatsache ist, dass in der Schweiz die einzigen Menschen, die die Verfassung nicht beachten und gegen Verfassungsartikel agieren, alle Schweizer Politiker sind. Die Verfassungsschützer dachten, die Terroristen handeln gegen alle Gesetze und die Menschlichkeit, dann dürfen wir es auch tun. Diese Verfassungsschützer wurden kantonal organisiert und entwickelten eine sehr interessante, gefährliche und menschenverachtende Arbeitsweise. Sie haben sich die Freiheit genommen, andere Schweizer – vor allem AlibischweizerInnen und Ausländer – zu beschatten, zu bespitzeln, abzuhören, ohne irgendeine richterliche Anordnung. Darüber hinaus haben sie die Existenz der Menschen in diesem Staat vernichtet ohne irgendwelche Beweise. Mit der Zeit sind kantonale Verfassungsschützer eigentlich eine Art Parteipolizei geworden. Sie nahmen Befehle direkt von den Politikern entgegen. Dadurch hatten der Bundesrat und das Parlament jede Kontrolle über diese Behörde verloren und die Verfassungsschützer durften tun und lassen, was sie wollten.

Im März 2020 hatten wir plötzlich ein neues Phänomen, eine Pandemie. Eine der ersten Handlungen der Zollbehörden in Absprache mit den deutschen Zollbehörden war die Schließung der Grenze zwischen Konstanz und Kreuzlingen. Ich durfte monatelang nicht nach Konstanz gehen. Dies nahm ich wie einen Staatsstreich wahr. Eines Morgens wachte ich auf und schaute durchs Fenster auf den Hauptzoll. Ich entdeckte einen Pinzgauer mit einem Schweizer Soldaten, welcher sein Maschinengewehr Richtung Deutschland ausrichtete. Ich kam mir vor, wie wenn ich plötzlich in einer afrikanischen oder lateinamerikanischen Bananenrepublik wäre. Die Entscheidung, Militär an die Grenze zu schicken, zeigte, wie einige führende Schweizer Offiziere arbeiten und denken. In Zeiten, wo kein Krieg herrscht, müssen die Soldaten in Kasernen bleiben und werden nicht an der Grenze stationiert. Während der Pandemie habe ich nicht den Eindruck gehabt, dass jemand mich verfolgt, weil die Spione wahrscheinlich andere Aufgaben hatten und weil ich nicht nach Konstanz ausreisen durfte. Die Regierungen sowohl von Deutschland und der Schweiz als auch von anderen europäischen Staaten haben am Anfang der Pandemie gezeigt, dass sie und ihre Vorgänger miserable Politiker sind. Keiner der Staaten war auf eine solche Pandemie vorbereitet, was zeigt, welchen tatsächlichen Wert die Menschen in diesen Staaten haben. Die Spezialisten haben sicher rechtzeitig die Entscheidungsträger darüber informiert, was man alles vorbereiten kann und muss, aber das kostete Geld, welches man lieber für andere Zwecke nutzte. Durch die versprochenen großzügigen Entschädigungen für Arbeitnehmer und Arbeitgeber während der ersten Monate der Pandemie haben die Entscheidungsträger versucht ihre Fehler zu kaschieren. Die Menschenrechte von uns allen wurden sehr stark eingeschränkt und ich litt darunter. Neben der Tatsache, dass ich mich nicht frei bewegen durfte, war für mich persönlich das Schlimmste, dass ich nicht regelmäßig die Sauna besuchen konnte. Ich war verärgert über die kantonalen Politiker, welche beide Bordelle in Kreuzlingen während der Pandemie offen ließen, während die öffentliche Sauna geschlossen blieb. Wahrscheinlich haben die besagten Politiker zuhause eine Sauna und denken deswegen nicht ans einfache Volk. Während der Pandemie entschied ich mich, mir meine eigene Sauna im Untergeschoss meines Hauses zu installieren. Dazu musste ich während der Pandemie- und Lockdownzeit zuerst eine Sauna kaufen. Es dauerte vier Monate, bis ich eine kleine Sauna gekauft und nach Hause gebracht habe. Das waren die Zeiten, in denen man heute nicht wusste, was man morgen darf. Nachdem ich die Sauna hatte, wollte ich ein kleines Bad einrichten. Ich habe eine Firma beauftragt, mir eine Offerte für mein Bad zu erstellen. Vorher habe ich den beiden Herren klar gesagt, was ich gern hätte. Es kam eine Offerte, welche meine Wünsche in keiner Weise berücksichtigte. Diese mangelnde geistige Beweglichkeit der Schweizer Handwerker war mir bekannt. Die Tatsache ist, dass so ein kleines Bad, wenn eine Fachfirma dies macht, keine Baubewilligung benötigt. Wenn ich die eingereichte Offerte akzeptiert hätte, wäre mein Bad sofort fertig gewesen. Da ich jedoch politisch gesehen ein schwarzes Schaf war, habe ich mir gedacht, dem Beamten des Bauamtes in Kreuzlingen die Gelegenheit zu geben, einen Baustopp bei mir zu inszenieren. Am 25. Februar 2021 hat ein Baupolizist bei mir einen Baustopp verordnet und mir mit einer Ausnutzungsziffer gedroht. Ich wusste damals nicht, dass dieser Baustopp über ein Jahr dauern würde. Mein Eindruck bestätigte sich, weil ich plötzlich der Willkür der lokalen Parteimitglieder ausgeliefert war. Diese können tun und lassen, was sie wollen, weil sie keine Angst vor dem Rechtsstaat haben. Während die Beamten von der Stadtverwaltung in anderen Ländern sich strikt an die Gesetze des Landes halten müssen, weil sie sonst von ihren Posten entfernt werden, sind die Schweizer Beamten eigentlich Mitglieder einer der regierenden Parteien und als solche, meinen sie, brauchen sie sich nicht an geltende Gesetze und die Verfassung zu halten. Trotz meines Bewusstseins, dass ich nicht viel erreichen würde, nahm ich mir einen zweiten Anwalt. Diesem habe ich die Geschichte mit dem Bauamt, die Antwort der Zollbehörde und meinen Brief an den Parteipräsidenten übergeben. Für ihn war der Baustopp der einzige Fall, bei dem er mich vertreten wollte. Die Geschichte mit der Verfolgung, den Kameras, der Bundesbehörde, Beschattung etc. hat er sich nicht einmal richtig angehört. Er wusste genau, um was es sich handelt, aber er entschied sich, mir nicht zu helfen, denn er billigte den Verfassungsschutz. Obwohl dieser rechtlich gesehen illegal war, wurde er von allen Meineidgenossen gebilligt und unterstützt. Ich habe den Eindruck bekommen, dass er alles über meinen politischen Werdegang und meinen Ärger mit den Beamten gekannt hat und dass er missbilligte, was ich politisch vertrete. Für jeden Schweizer Nationalisten ist es unvorstellbar, dass ein Alibischweizer eine eigene Partei gründen darf. Die Meineidgenossen sind leider überall. Eigentlich war der Grund, warum ich zu ihm ging, und dies sagte ich ihm deutlich, dass er einen Antrag beim Bundesgericht stellt, das Bankgeheimnis in der Schweiz aufzuheben. Falls seine Behauptung wahr war, dann wurde mir klar, dass eine Person allein beim Bankgeheimnis nichts auf Rechtsebene bewegen kann. Die Schweizer sind Befehlsempfänger und durch ihre politischen Parteien brave Milizsoldaten. Verändern kann man dies nicht. Sie akzeptieren sogar ungesetzliche Schritte, die auf Bundesebene passieren, und sind überzeugt, dass das so sein muss. Die Kommunikation innerhalb der Parteien ist ständig vorhanden und die Parteisoldaten auf den unteren Ebenen bekommen klare Anweisungen, was sie tun und was sie lassen sollen. Darüber hinaus entwickeln, diese jungen Beamten, die in den Diensten dieser Parteien tätig sind, eigene Initiativen, um sich über ihre krankhaften Vorstellungen der Demokratie zu nähern. Den Politikern auf allen Ebenen und aus allen regierenden Parteien ist es bewusst, dass das, was sie machen, eigentlich Apartheid ist; aber auf der anderen Seite befürchten sie keine Staatsanwälte, weil sie ihren Arbeitgeber nicht anklagen dürfen. Die Anwälte in diesem Staat dienen dazu, dass sie mit anderen Anwälten, welche andere Parteien vertreten, einen Kompromiss aushandeln, damit die Gerichte nicht beansprucht werden. Eine Möglichkeit ist, dass sie sich wahrscheinlich ausschließlich mit Menschen mit Migrationshintergrund beschäftigen. In jedem nationalistischen Staat, den ich kenne, ist die Justiz der Schwachpunkt des Staates. Nur in der Schweiz sind die Staatsanwälte und Richter für die Öffentlichkeit unsichtbar.

Mit einem einfachen Trick, den ich immer wieder wiederholt habe, wusste ich genau, dass die Verfassungsschützer eigentlich SVP-Polizisten geworden sind und hinter meiner Verfolgung und Abhörung stehen. Da ich wusste, dass man mich abhört, habe ich manchmal am Abend zwei Flaschen Wein getrunken und vor dem laufenden Fernseher über die SVP gelästert und geflucht. Ich habe alles Mögliche gemacht, damit ich sie provozieren kann. Und am folgenden Tag, als meine Schimpftiraden übersetzt wurden, sind plötzlich Pick-ups und andere Fahrzeuge von diesen Verfassungsschützern angekommen. Ich habe diese Vorgehensweise einige Male wiederholt und jedes Mal ist dasselbe passiert. Sie glaubten, genügend Beweise gegen mich in den Händen zu haben, indem ich in meinem Haus jemanden beschimpft habe. Ich wollte diese Möchtegern-Polizisten dazu bewegen, dass sie mich anklagen, aber das ist nicht passiert. Es sieht so aus, dass irgendjemand unter den SVP-Polizisten klug genug war zu verstehen, dass die Beweise, die sie gesammelt haben, ungesetzlich sind und dass diese vor einem Gericht nicht verwendet werden dürfen.

Jetzt möchte ich auch die Bastion des schweizerischen Nationalismus nennen. Das Deutschschweizer Fernsehen ist ein perfider Schachzug der SchweizerInnen gegenüber allen Menschen mit Migrationshintergrund, die in der Schweiz leben. Alle Menschen in der Schweiz sind verpflichtet, Fernsehgebühren zu bezahlen. In der Deutschschweiz fließt das Geld in das Programm SRF. Dieser Fernsehsender hat drei Kanäle und alle drei wurden von Schweizer Nationalisten monopolisiert. Obwohl in der Schweiz vier Sprachen nach der Verfassung offiziell sind, reden sie in diesem Fernseher praktisch nur verschiedene Schweizer Dialekte. In einer Konföderation, wo man vier Sprachen und zwei Religionen hat, ist ein deutscher Nationalismus völlig fehl am Platz. Diese Schweizer Dialekte sind eine Apartheidsprache geworden und werden benutzt, um sich gegenseitig zu erkennen, die Fremden zu erniedrigen und sich von den Fremden abzugrenzen. So ein Salonnationalismus, wie er im Schweizer Fernseher präsentiert wird, wäre in einem anderen demokratischen Land nicht mehr anwendbar. Statt verschiedene Fernseherkanäle zu nutzen, um die Menschen dieses Landes zu informieren, über die Geschichte zu lehren, werden sie nur zur Verherrlichung der jetzigen Schweizer Politiker benutzt. Nicht nur Menschen mit Migrationshintergrund werden in diesem Fernsehprogramm unsichtbar, sondern auch die SchweizerInnen, welche Italienisch und Französisch als Muttersprache haben. In anderen Ländern werden Dokumentationsfilme über die Vergangenheit gezeigt. In der Schweiz werden viele unschöne Tatsachen, die in der Vergangenheit passiert sind, nicht publiziert, sondern totgeschwiegen. Ein Grund dafür ist es, dass die Kantone es dem Fernsehen verbieten können, die geschichtlichen Ereignisse über ihren Kanton zu zeigen. Damit vermeiden sie Imageverluste für ihre Kantone. Die Wahrheit interessiert die Schweizer Nationalisten in keiner Weise. Dadurch werden wie in jedem Unrechtsstaat nur die schönen

Dinge des Lebens der Geschichte und der Gegenwart gezeigt und das, was negativ, kriminell, menschenverachten ist, wird totgeschwiegen.

Mein Haus wurde weiterhin mit zwei Kameras und einem Bewegungsmelder observiert und die Verfassungsschützer waren noch immer an ihrem Arbeitsplatz im Gebäude des Zollamtes. Nachdem zwei Advokaten abgelehnt hatten, mich gegenüber der ungesetzlichen Bundesbehörde, die mich verfolgte, zu vertreten, musste ich allein handeln. Ich habe mir überlegt, wie ich diesen Vorfall auf Bundesebene bringen kann. Mit der Überzeugung, dass mein politisches Engagement und meine Handlungen im Einklang mit der Verfassung dieses Staates sind, entschied ich mich, einen Brief an das Justiz- und Polizeidepartement zu schreiben:

Brief 7: MZ/Kreuzlingen 02.04.2021

Ehrlich gesagt, weiß ich nicht, ob Ihr Departement für diese Angelegenheit zuständig ist. Falls nein, bitte ich Sie, mein Schreiben an die richtige Stelle weiterzuleiten.

Am 05.02.2020 habe ich als freier Schweizerbürger meine Meinung über die politische Situation in der Schweiz mit einem eingeschriebenen Brief an die Parteipräsidenten/-in der FDP, SVP, CVP und SP (Beilage 1) geschickt.

Am gleichen Tag habe ich in einem Hotel in Konstanz (D) ein Zimmer bezogen und darauf gewartet, was geschehen wird. Während meines Aufenthaltes in Konstanz wurde ich von mehreren Personen verfolgt. Mein Haus liegt vis-à-vis dem Hauptzollgebäude in Kreuzlingen. In diesem Gebäude wurden zwei Videokameras und ein Bewegungsmelder auf der Straße installiert. Mein Haus und ich wurden regelrecht überwacht, mein Internetanschluss, mein Telefon wurden und werden noch immer kontrolliert. Mein Versuch, über zwei Anwälte zu erfahren, wer hinter dieser Überwachungskampagne steht, ist fehlgeschlagen, weil beide Anwälte ihr Mandat niedergelegt haben. Der einzige Beweis, dass ich nicht paranoid bin, ist ein offizielles Schreiben vom 26.02.2020 des Zolldepartements, wo behauptet wird, dass nicht Zollbeamte, sondern eine andere Behörde für die Video- und Personenüberwachung verantwortlich ist (Beilage 2).

Als unbescholtener Schweizerbürger meine ich ein Anrecht zu haben, zu erfahren, wer und warum man mich überwacht. Wer ist in der Schweiz so mächtig, dass er politische Gegner über ein Jahr heimlich ausspioniert?

Ich danke Ihnen im Voraus für Ihre Antwort, weil ich den Eindruck habe, dass einige Schweizer Politiker ihre demokratische Orientierung verloren haben.

Freundliche Grüße
Zoran Mitrovic

Beilage 1: Brief an Parteipräsidenten
Beilage 2: Schreiben der EZV

Eine Antwort auf meinen Brief habe ich nicht erwartet und bis heute auch nicht erhalten. Zwei Tage nachdem ich meinen Brief abgeschickt hatte, habe ich rein zufällig zwei Autos mit Männern in Polizeiuniformen, deren Uniform mich an die Fedpolizei erinnerte, gesehen. Die Fedpolizisten haben tatsächlich die beiden Videokameras und den Bewegungsmelder entfernt und sie haben sich in den Spionageräumen des Verfassungsschutzes eingenistet. Die Verfassungsschützer durften nicht mehr im Zollgebäude seub, sie wurden durch die Fedpolizisten ersetzt. Während die Verfassungsschützer nur Thurgauer Kennzeichen hatten, kamen die Fedpolizisten aus Zürich und Sankt Gallen.

Die Verfassungsschützer wurden vertrieben und die Fedpolizisten haben die Räume besetzt. Nur wenige Schweizer und andere Menschen, die in der Schweiz leben, wissen überhaupt, dass es in der Schweiz seit einigen Jahren eine Fedpolizei gibt, die direkt dem Justizministerium unterstellt ist. Über die Aufgaben der Fedpolizei weiß man eigentlich viel zu wenig und ich persönlich habe mich mit ihnen nicht beschäftigt. Die Tatsache ist, dass die Fedpolizisten nach meinem Brief an die Bundesrätin das Kommando im Zollgebäude übernommen haben.

Durch mein Schreiben wollte ich die Bundesräte darauf aufmerksam machen, dass etwas faul im Staate Dänemark ist. Ich bin der Meinung, dass alle regierenden Parteien in der Schweiz gemeinsam schuld sind, an der Entstehung eines Parallel-Nachrichtendienstes, der ohne richterliche Anweisungen die Menschen mit Migrationshintergrund in der Schweiz vor allem schikaniert, und ihr Hauptfehler war es, dass sie mich, der eigentlich nur eine freie Politik in diesem Land machen wollte, zum Staatsfeind Nummer 1 erklärten. Das war meiner Meinung nach der größte Fehler der SVP in den letzten zwanzig Jahren. Heute bin ich überzeugt, dass alle Verfassungsschützer SVP-Parteipolizisten waren und wahrscheinlich auf Anweisung ihres damaligen Parteipräsidenten oder ihres damaligen Bundesrats handelten.

Wie bereits erwähnt, wurde das SVP „Spionagenest" im Zollgebäude von der Fedpolizei übernommen. Für mich war das eine Befreiung. Ich bin davon ausgegangen, dass die Fedpolizisten sich nicht nur für meine Schimpftiraden über die SVP interessieren, sondern auch für meine politische Tätigkeit und dass sie die Texte, die ich in meinem PC aufbewahrt habe, gründlich lesen werden. Dadurch habe ich gehofft, dass sie meine politische Tätigkeit und mein politisches Dasein in der Schweiz besser verstehen, und es scheint so, dass die Fedpolizei meine Behauptungen und meine Briefe ernst genommen hat und sich mit meinem Lebenslauf in der Schweiz beschäftigt hat. Eines Tages habe ich in Konstanz Zigarre geraucht und Wein getrunken und plötzlich kamen zu mir zwei Schweizer Polizisten, die gefragt haben, ob sie neben mir etwas trinken können. Durch das Gespräch wurde mir klar, dass einer der beiden ein Thurgauer und der andere ein Oberwalliser ist. Da ich ein Oberwalliser bin, mussten sie wahrscheinlich auch einen Polizisten aus dem Oberwallis konsultieren. Im Laufe der Zeit ist mir klargeworden, dass die Fedpolizisten in meinem Leben in der Schweiz nichts Ungesetzliches oder Kriminelles gefunden haben. Ich war nur ein sehr kritischer Schweizer Bürger, der darauf besteht, seine politischen Bürgerrechte auszukosten. Die

Anwesenheit von Fedpolizisten in meiner Nähe hat mir eine gewisse Sicherheit gegeben, weil sie tatsächlich die Interessen des Bundes im Auge haben und nicht die Parteiinteressen.

So, wie ich die SVP-Polizei täglich beobachtet habe, habe ich jetzt auch die Tätigkeiten der Fedpolizei kontrolliert. Mir ist aufgefallen, dass nach einigen Wochen intensiver Arbeit die „Spionageprotokolle" der SVP-Polizisten von Fedpolizisten zusammengefasst wurden und dass die Vorgesetzten der Thurgauer Verfassungsschützer diese Protokolle zu lesen bekommen haben. Sie durften diese Protokolle nur im Zollgebäude lesen und dann wahrscheinlich unterschreiben, dass sie verantwortlich für diese Abhöraktion waren. In den folgenden Monaten habe ich den Eindruck gewonnen, dass mich weiter jemand ausspioniert. Diese Befürchtung habe ich meinem Fernseher mitgeteilt, weil ich verstanden habe, dass man mich weiterhin abhört. Einen Tag später haben die Fedpolizisten im oberen Stock des Zollgebäudes SVP-Spione entdeckt, die mich trotz des Verbots weiterhin ausspioniert haben. Dieses „Spionagenest" wurde von den Fedpolizisten ausgeräumt und für mich wurde klar, dass zwischen SVP-Polizisten und Fedpolizisten ein Krieg herrschte, weil die SVP-Polizisten die Anweisungen ihrer Chefs, die in Thurgau waren, folgten und die Fed Polizisten die Befehle der Chefs, die in Bern saßen, durchführten. Dazu möchte ich noch einen Vorfall, der in diese Richtung läuft, erwähnen: Im Herbst 2022 waren die Fedpolizisten noch immer gelegentlich im Zollgebäude anwesend und gleichzeitig haben die SVP-Polizisten wieder ein „Spionagenest" im ersten Stock des Zollgebäudes installiert. Diesmal war der Spion ein Deutscher, sodass fast ein Staatsstreich stattgefunden hat. Wieder habe ich mich bei meinem Fernseher beschwert – und siehe da, in einer Nachtaktion haben die Fedpolizisten auch dieses zweite „Spionagenest" aufgehoben. Diesmal war auch ein hoher Beamter aus Bern anwesend.

Eines Tages wird mich interessieren, wie viel meine Verfolgung Staat und Kanton gekostet hat, und ich wäre froh, wenn ich über die Schweizer Justiz, was wahrscheinlich eine Utopie ist, ungefähr die gleiche Summe als Entschädigung von Bund und Kanton für die Partei der Secondi erhalten kann. Aus diesem Grund habe ich versucht in Kreuzlingen einen Anwalt zu finden, der mich in dieser Angelegenheit vertritt. Ich habe über fünfzehn Anwälte in Kreuzlingen kontaktiert und alle, als sie gehört haben, wer ich eigentlich bin, haben gesagt, sie hätten viel zu tun und könnten mich nicht vertreten. Mit anderen Worten, kein Anwalt aus der Stadt Kreuzlingen war bereit, gegen die Verfassungsschützer vorzugehen, obwohl jeder von diesen Anwälten wusste, dass der Verfassungsschutz in der Schweiz keine gesetzliche Grundlage hat. Diese beschämende Haltung der Schweizer Anwälte komplettiert den Eindruck über die gesamte Justiz dieses Staates. Ich weiß, dass diese Aussage für mich persönlich eine Gefahr ist, aber ich muss es noch einmal betonen, dass ich schwer enttäuscht bin über den schweizerischen Rechtsstaat.

Weil die SVP sich in den letzten vier Jahren so intensiv mit meiner Person und meiner Partei beschäftigt hat, möchte ich ein paar sehr kritische Worte über die SVP verlieren. In Thurgau und in einigen anderen ländlichen Kantonen ist die SVP die stärkste politische Partei und ich bin zu dem Schluss gekommen, dass die Thurgauer Verfassungsschützer quasi SVP-Parteipolizisten geworden sind. Die größte Schweizerische Partei ist die einzige rechtsextremistische Partei in Europa, die zusammen mit Sozialisten, Freidemokraten und Christsozialen regieren. Die SVP wird nur von circa 6 % SchweizerInnen, im Vergleich zur Gesamtbevölkerung, gewählt.

In den letzten zehn Jahren haben die SVP-Politiker mit Hilfe der SVP-Parteipolizisten viele Deutschschweizer Kantone übernommen. Die Verfassungsschützer agierten in Verschwiegenheit und nur wenige Menschen in einem Kanton wussten, wer sie sind und was sie machen. Diese Tatsache ist unheimlich. Gepaart mit nationalsozialistischen Gedanken, welche die SVP in der Schweiz offen vertritt, haben diese

Möchtegern-Nationalsozialisten auch eine Parteipolizei etabliert. In der Geschichte bei unseren Nachbarn haben wir das vor ca. 90 Jahren gesehen und das Ende dieser Bewegung ist uns allen bekannt. Darüber hinaus hat die SVP durch die gezielten politischen Anstrengungen Ständemehr erreicht. Der Ständerat ist die zweite Kammer im Schweizer Parlament und sie kann jede Entscheidung des Parlamentes zurückweisen. Mit diesem politischen Schachzug hat die SVP praktisch alle anderen politischen Akteure im Parlament in den Würgegriff genommen. Mit jedem politischen Auftritt im Parlament versucht die SVP die Eidgenossenschaft zu schwächen und die Kantone zu stärken. Eine richtige Demontage der eidgenössischen Justiz haben die jungen Schweizer Parlamentarier demonstriert. Sie haben den Bundesstaatsanwalt durch ihren Druck gezwungen, von seinem Amt zurückzutreten. Nachdem sie das erreicht haben, sind sie im Schweizer Fernsehen aufgetreten und haben Folgendes mitgeteilt: „Wir sind Schweizer Parlamentarier, gewählt vom Schweizer Volk, und über uns kann keine Justiz stehen, nur der liebe Gott." So einen morbiden und dummen Satz in einem Parlament auszusprechen und in die Welt zu schicken, ist eine pure Provokation für einen gesunden menschlichen Verstand. Trotzdem gab es weder im Parlament noch in der Presse irgendeinen Kommentar zu dieser Justizdemontage. Wie die regierenden schweizerischen Parteien aus dieser peinlichen und bedrohlichen politischen Situation, nämlich eine Behörde ohne parlamentarische Gepflogenheiten zu etablieren, herauskommen wollen, ist mir ein Rätsel. Ich vermute, wenn die SVP einen Weg finden würde, die 800 Milliarden Schweizer Franken der Nationalbank an die Kantone zu verteilen, ohne dass sich die Eidgenossen der verschiedenen Kantone gegenseitig bekriegen, würden sie dies sofort veranlassen. Damit wären die Kantone noch unabhängiger und das Parlament wäre dann ein Schauspielhaus.

Die nationalsozialistischen Gedanken, die in der rechtsextremen SVP-Partei gedeihen, sind für die Schweiz sehr gefährlich. In jahrelanger destruktiver Politik der Partei haben die Politiker andere regierende Parteien eingeschüchtert, gekauft und mundtot gemacht. Wahrscheinlich haben sie dazu ihre eigene Parteipolizei genutzt. Hier einige Beispiele: ein für die SVP unbequemer Politiker der SP wurde einfach befördert und im Verwaltungsrat der Post eingesetzt. Damit wurde er aus der Politik entfernt. Eine Parteipräsidentin, die während der Pandemie gesagt hat, dass die SVP mit ihrer destruktiven Politik eigentlich in die Opposition gehen sollte, musste aufgrund des Drucks der SVP und der eigenen Partei ihren Posten plötzlich abgeben. Ein SP-Bundesrat und seine Familie wurden während der Pandemie per Internet und schriftlich beschimpft und bedroht. Meines Wissens hat sich so ein Vorfall in den letzten hundert Jahren in der Schweiz nie ereignet. Der vierte Fall ist die Beschattung eines Parteipräsidenten, und zwar des Parteipräsidenten und Gründers der Partei der Secondi. Das sind vier eklatante Fälle, die jeden in der Schweiz, der sich politisch engagiert, erschrecken sollten. In der besten Demokratie der Welt, wie die Schweizer Nationalisten über die Schweiz sprechen, die sich eigentlich Richtung Apartheid entwickelt hat, versucht eine nationalsozialistische Partei die Schweiz zu übernehmen. Kürzlich hat ein SVP-Politiker im Fernsehen meine Befürchtungen bestätigt. Während einer Diskussion hat er gesagt, dass in der Schweiz keine kapitalistische, sondern eine soziale Marktwirtschaft herrscht. Er hat natürlich an eine nationalsozialistische Marktwirtschaft gedacht, aber hat es nicht explizit ausgesprochen.

Für diejenigen die nicht einmal wissen, was Nationalsozialismus überhaupt ist, möchte ich hier Folgendes sagen: Nationalsozialismus ist die schlimmste Staatsform, die je in einem Staat, damals war es das Nazi-Deutschland, geherrscht hat. Nur die Menschen gleicher Rasse – in Deutschland waren es die Deutschen und in der Schweiz die SchweizerInnen – werden bevorzugt und die Rassenmenschen versuchen mit jedem Mittel, diese kranke Doktrin umzusetzen. Die Rolle der drei anderen regierenden Schweizer Parteien ist beschämend, weil sie die nationalsozialistische Strebung der SVP-Neidgenossen billigend in Kauf genommen und bis heute nichts dagegen getan haben. Die Geschichte hat uns gelehrt, dass keine politische Partei gegenüber den Nazisten Schwäche zeigen darf. Die Nazis in den dreißiger Jahren haben zuerst alle prominenten politischen Gegner aus SP und anderen Parteien beseitigt. Welches Szenario die Neidgenossen und Meineidgenossen verfolgen, ist mir nicht bekannt. Aber die Bestrebungen, eine eigene Parteipolizei zu gründen, die vom Parlament nicht kontrolliert wird, lässt mich glauben, dass sie keine guten Absichten haben. Hier möchte ich noch ein paar Worte über den SVP-Finanzminister, der kürzlich in Pension gegangen ist, sagen. Dieser Finanzminister hat mit Hilfe des Geldes bei vielen sozialen und menschenrechtlichen Institutionen deutliche Kürzungen veranlasst. Gleichzeitig war er derjenige, der dem Verfassungsschutz ziemlich viel Geld gegeben hat, damit dessen Angehörige eines Tages SVP-Polizisten werden. Die Asylanten-Empfangsstellen wurden in Gefängnisse für abgewiesene Asylanten umfunktioniert. Grenzwächter haben z.B. angefangen die Asylanten, die von Italien nach Frankreich oder Deutschland reisen wollten, in geschlossenen SBB-Wagons monatelang von einer Grenze zur anderen zu transportieren. Der Finanzminister wurde ungefähr ein Jahr, bevor er in Pension ging, vom Präsidenten der USA empfangen. In den letzten 50 Jahren ist es nie vorgekommen, dass ein Schweizer Finanzminister von einem US-Präsidenten empfangen wurde. Wir wissen nicht, was die beiden gesprochen haben, aber die Folge davon ist meiner Meinung nach wahrscheinlich die Pleite der Credit Suisse.

Nachdem die SVP-Polizei sich zurückziehen musste, haben die SVP-Rentner meine Verfolgung übernommen. Jedes Mal, wenn ich nach Konstanz gegangen bin, um eine Zigarre zu rauchen und Wein zu trinken – im Sommer mache ich das fast jeden Tag –, kamen plötzlich irgendwelche Rentner, die einfach dort blieben, bis ich ging. Sie haben noch immer gehofft mich als internationalen Spion zu entlarven. Eines Tages kam ein Rentner mit einer weißen Brille. Diese Brille war wahrscheinlich älter als er selbst und diese Brille war glaube ich eine der ersten mit einer installierten Kamera, die man auf dem Markt kaufen konnte. Später kam eine junge Frau, die sich am Telefon etwas bestellte. Aus dem Gespräch konnte man verstehen, dass sie Journalistin war. Vermutlich hatte der Rentner sie vorbestellt. Das sollte eine Falle für mich sein. Er wollte mein Gespräch mit dieser Journalistin filmen und trotz allem beweisen, dass ich ein Spion bin. Aber ich habe die Situation gut eingeschätzt, bin aufgestanden und gegangen. Der bebrillte Rentner hat mich mit Entsetzen angeschaut, als ich an ihm vorbeigegangen bin. Da ich bereits einmal im Bodenseefernsehen einen kurzen Auftritt gehabt habe, haben alle SchweizerInnen mich persönlich im Fernsehen gesehen und persönlich gekannt. Deswegen wurde ich überall erkannt, wo ich in letzter Zeit in der Schweiz hingekommen bin, manchmal freundlich begrüßt, manchmal fast ignoriert.

Nach langer Suche habe ich endlich in Thurgau einen Anwalt gefunden, der bereit war, für mich und meine Partei der Secondi zu arbeiten. Die erste Aufgabe für diesen Anwalt war es, eine Auskunft über meine Person beim Bundesnachrichtendienst (BND) zu verlangen. Ich habe mir gedacht, wenn ich wieder in die Politik einsteige, möchte ich wissen, was der Nachrichtendienst über mich bis jetzt gesammelt hat. Jeder Schweizer darf sich gelegentlich erkundigen, ob der Nachrichtendienst irgendwelche Daten über ihn erfasst hat, und von diesem Recht wollte ich Gebrauch machen. Ich kann in der Schweiz keine Politik machen, wenn ich nicht weiß, was der BND über mich erfahren hat. Dieser Antrag hat mich circa 2.000 CHF gekostet. Vor allem ist hier noch eine zusätzliche Komponente hineingekommen, und zwar, dass ich wahrscheinlich jahrelang ungesetzlich ausspioniert wurde. Ich habe durch meinen Anwalt eine Antwort vom BND erhalten, worin steht, dass der BND keine Daten über meine Person in seinen Datenbanken besitzt. Damit habe ich in meinen Augen einen Freibrief bekommen, mich in der Schweiz politisch ein zweites Mal zu betätigen. Darüber hinaus wurde mir auch bestätigt, dass alle Informationen, die die SVP-Polizisten über mich gesammelt haben, ungesetzlich und vor Gericht nicht verwendbar waren.

Im Jahr 2022 hat die Vorsteherin des Justiz- und Polizeidepartements mitgeteilt, dass der BND noch ein paar zusätzliche Befugnisse erhalten wird, und gleichzeitig mitgeteilt, dass künftig in der Schweiz mindestens fünf Unterschriften von verschiedenen leitenden Beamten notwendig seien, um jemand nachrichtendienstlich bearbeiten zu dürfen. Für mich war klar, dass mit dieser Verordnung der Verfassungsschutz in der Schweiz verboten wurde. Ich bin überzeugt, dass diese Entmachtung des Verfassungsschutzes auch ein wenig mit meinem Fall und den Ereignissen um die Partei der Secondi zu tun hat.

PARTEI DER SECONDI, ZWEITER VERSUCH

Parallel zur Pandemie, sind bei mir auch gesundheitliche Probleme aufgetreten. Meine Sehkraft ließ nach und ich konnte plötzlich weder schreiben noch lesen. Somit verlor ich in vielen Teilen meines Lebens meine Selbstständigkeit. Dies war ein Schock für mich, weil ich unbedingt die Hilfe meiner Frau benötigte. Hier entstand auch noch ein zweites Problem: Meine Frau war mit meinem politischen Engagement nicht mehr einverstanden. Die Streitigkeiten mit der Baubehörde, meine Behauptungen, dass ich verfolgt werde, interessierten sie nicht mehr und eines Tages teilte sie mir mit, nach fünfzig Jahren Ehe, dass sie für mich nicht mehr als Schreibhilfe tätig sein wird. Ich habe versucht über Inserat jemanden zu finden, aber ich fand niemanden. Auch die restliche Familie hat sich für meine gesundheitlichen Probleme nicht interessiert. Ich war gezwungen diverse Menschen zu bitten, dass sie für mich stundenweise arbeiten. Das hat die Arbeiten an meinem Buch und an der Partei stark beeinträchtigt. Trotzdem habe ich es geschafft, sowohl meinen zweiten Anlauf mit der Partei der Secondi zu starten als auch mein zweites Buch zu schreiben. Zu diesem Zeitpunkt war das für mich ein großer Erfolg, dass ich trotz meines Handicaps geistig so fit war, dass ich quasi aus dem Kopf und aus den Erinnerungen dieses Buch diktiert habe und parallel dazu alles vorbereitet habe, um die Partei der Secondi wieder auf die politische Bühne zu bringen. Ohne diese hilfsbereiten Menschen, die mir geholfen haben und die ich natürlich auch dafür bezahlt habe, hätte ich es nicht geschafft. Ich bin ihnen sehr dankbar und sie haben mir Hoffnung gegeben, dass ich trotz allem jemanden finden werde, der mir hilft, neue Mitglieder anzuwerben.

Ich war seit meiner Kindheit sehr kurzsichtig und habe mit meinen Augen bereits seit Jahrzehnten Probleme. Vor vierzig

Jahren hatte ich am rechten Auge Ablatio Retinae, die im Inselspital in Bern gut verarztet wurde. Einige Jahre später hatte ich plötzlich Blutungen an meinem linken Auge im zentralen Bereich. Dadurch konnte ich mit dem Auge nur 10 % sehen. Die Tatsache ist, dass ich trotz meines Handicaps ein Studium abgeschlossen habe und fast vierzig Jahre in einem Konzern tätig war. Meine Probleme mit der Sehkraft hat fast niemand mitbekommen, weil ich noch mit 18 Jahren angefangen habe Linsen zu tragen und später wurde meine Myopie durch die künstlichen Linsen stark reduziert. Die künstlichen Linsen haben mir ermöglicht, dass ich quasi ohne Brille funktionieren kann. Ich wurde plötzlich kein Brillenträger. Nachdem ich definitiv aufgehört habe zu arbeiten, habe ich mich auch mehr um mein Handicap gekümmert. Ich habe mir Folgendes überlegt: Wenn ich Blutungen im linken Auge gehabt habe und im zentralen Bereich einen schwarzen Fleck hatte, habe ich mir überlegt, dass dieser schwarze Fleck einfach vom Blut stammt, das heißt, wenn man an der Haut eine Blutung hat, dann entsteht eine Kruste und auf der Haut. Diese Kruste fällt nach einigen Tagen ab und die Haut ist wieder normal. Dasselbe, habe ich gedacht, kann auch bei der Netzhaut passieren. Bei den Augen habe ich gedacht, dass ich versuche mit Hilfe von Sonne diese Blutreste zu lasern. Und in tausenden von Stunden, die ich damit verbracht habe, die Sonne mit dem linken Auge zu fixieren, habe ich es erreicht, dass mein schwarzer Fleck quasi verschwunden ist. Ich bin zuversichtlich, dass ich mit dem Auge am Ende dieses Sommers eine viel bessere Sehkraft erzielen werde. Dieser Heilungsprozess, bei dem ich einen sehr ungewöhnlichen und gefährlichen Weg gesucht habe, ist mir persönlich mehr wert als meine politischen Ambitionen, und wenn ich am Ende meine Sehkraft zurückgewinne, werde ich für mich ein Gewinner sein.

Alles, was ich in den letzten vier Jahren meines Lebens erlebte, hat mich bewogen, die Partei der Secondi wieder ins Leben zu rufen. Ich eröffnete ein Parteikonto und es wurde eine neue Webseite eingerichtet. Die Website wurde so programmiert, dass man sich als Parteimitglied anmelden kann. Wenn man seine Daten eingegeben hat und diese an die Homepage geschickt hat, erhält man eine E-Mail mit dem Einzahlungsschein, damit das Mitglied seinen jährlichen Beitrag von 100 SFR einzahlen kann. Dieses Mal war alles digital geregelt und ich habe diese Programmierarbeit in Auftrag gegeben und ausprobiert. Es funktionierte einwandfrei. Folgende Texte sind auf der dreisprachigen Homepage zu lesen:

Homepage www.parteidersecondi.ch

Über uns

Dem Gründer der Partei der Secondi ist aufgefallen, dass man die SchweizerInnen mit Migrationshintergrund überall sehen kann, z. B. im Fernsehen, bei Sportsendungen, in Restaurants, an ihren Arbeitsplätzen, auf der Straße, nur in den schweizerischen politischen Parteien sind sie kaum vorhanden. Die Partei der Secondi wird versuchen, diese Diskrepanz zu beseitigen, denn diese wird die politische Plattform für alle SchweizerInnen mit Migrationshintergrund sein.

Die Partei der Secondi ist eine neue Partei in der schweizerischen Politlandschaft.

Wir sind erst am Anfang, unsere Parteistruktur und Organisation.

Wussten Sie, dass sich nur 2 % der SchweizerInnen mit Migrationshintergrund aktiv am politischen Leben der Schweiz beteiligen? Die Aufgabe der Partei der Secondi wird sein, diesen Anteil auf mindestens 80 % zu erhöhen. Wenn wir erreichen, dass 80 % der SchweizerInnen mit Migrationshintergrund mitwählen, mitentscheiden, mitreden über die schweizerische Politik, dann werden wir in einem Jahr die größte schweizerische Partei sein. Dazu brauchen wir aktive Mitglieder, welche sich im Sinne der Partei einsetzen wollen und ihre eigenen Wähler selbst erreichen und motivieren, dass diese wählen gehen.

Die Partei der Secondi will in jeder Gemeinde, jedem Kanton und auf nationaler Ebene präsent sein. Um dies zu erreichen, suchen wir jetzt am Anfang die künftigen GemeinderätInnen, StadträtInnen, KantonsrätInnen, ParlamentarierInnen und letztlich mindestens ein(e) BundesrätIn. Die schweizerische Verfassung wird unser Leitfaden und Grundthema sein.

Nachdem wir circa 500 neue Mitglieder schweizweit bekommen, werden wir die erste ordentliche Parteiversammlung einberufen. Dort werden wir die Parteiorgane definieren und personell besetzen. Wie man am obenstehenden Organigramm feststellen kann, sind alle Parteipositionen zurzeit unbesetzt.

Statuten der Partei der Secondi
(Stand 02.12.2021)

Allgemeines
*Die Partei der Secondi ist eine schweizerische demokratische Partei für ALLE jungen und junggebliebenen Schweizer*Innen, vor allem für Schweizer*Innen mit Migrationshintergrund.*

Die Partei der Secondi will sich in Gemeinden, auf kantonaler und nationaler Ebene politisch engagieren.

Die Partei der Secondi wird sich politisch in der Mitte der schweizerischen Parteilandschaft positionieren.

Religion ist die private Angelegenheit eines jeden Mitgliedes. Religiöse und fremde Nationalsymbole irgendwelcher Art sind an Parteiversammlungen nicht erlaubt. Fremd ist alles, was nicht schweizerisch ist. Wir möchten möglichst viele weibliche Parteimitglieder in unseren Reihen haben, damit diese mehr als 50 % Anteil auf allen unseren Wahllisten haben.

Ziele
*Erstes und wichtigstes Ziel dieser Partei ist, sich politisch zu engagieren für alle Schweizer*Innen mit Migrationshintergrund, ihre Wünsche, Sorgen auf der politischen Bühne zu präsentieren.*
Unser politisches Ziel ist, in absehbarer Zeit eine Bundesrätin oder einen Bundesrat zu nominieren.

Rechtsform

Die Partei der Secondi ist ein Verein im Sinne von Art. 60 ff. ZGB. Mitglieder des Vereins sind die Mitglieder der Sektionen, der Bezirksparteien bzw. der Kantonalparteien. Der Sitz der Partei befindet sich vorläufig in Kreuzlingen. Bis alle Parteiorgane gewählt sind, wird der Parteigründer alle personellen, politischen und finanziellen Kompetenzen ausüben.

Finanzierung der Partei

- *Die Partei wird sich von Mitgliederbeiträgen und von Spenden finanzieren. Nur Spenden aus der Schweiz werden akzeptiert.*
- *Der Mitgliederbeitrag beträgt CHF 100 bei Eintritt und danach die gleiche Summe für jedes weitere Jahr.*

Parteiorgane

- *Parteiversammlung*
- *Geschäftsleitung (vakant)*
- *Präsidium (vakant)*
- *Parteifinanzen (vakant)*
- *Ethikkommission (3 Personen, vakant)*

Eine Ethikkommission wird dafür Sorge tragen, dass die Grundregeln der Statuten eingehalten werden und dass die Parteimitglieder stets in der politischen Mitte agieren, Konsens mit anderen politischen Partnern suchen. Fair und nicht streitsüchtig politisieren und immer die Wünsche und Sorgen unserer Wählerbasis vor Augen haben. Wir können und werden es nicht erlauben, in unseren Reihen Personen zu haben, die unsere politischen Ziele nicht respektieren, Statuten missachten und menschlich nicht korrekt und nicht ehrlich sind

Auflösung der Partei

Die Auflösung der Partei kann jederzeit durch den Parteigründer oder Parteibeschluss herbeigeführt werden.

Einige Artikel aus der Schweizer Bundesverfassung

Art. 4 *Landessprachen*
Die Landessprachen sind Deutsch, Französisch, Italienisch und Rätoromanisch.

Art. 7 *Menschenwürde*
Die Würde des Menschen ist zu achten und zu schützen.

Art. 8 *Rechtsgleichheit*

1. *Alle Menschen sind vor dem Gesetz gleich.*
2. *Niemand darf diskriminiert werden, namentlich nicht wegen der Herkunft, der Rasse, des Geschlechts, des Alters, der Sprache, der sozialen Stellung, der Lebensform, der religiösen, weltanschaulichen oder politischen Überzeugung oder wegen einer körperlichen, geistigen oder psychischen Behinderung.*
3. *Mann und Frau sind gleichberechtigt. Das Gesetz sorgt für ihre rechtliche und tatsächliche Gleichstellung, vor allem in Familie, Ausbildung und Arbeit. Mann und Frau haben Anspruch auf gleichen Lohn für gleichwertige Arbeit.*
4. *Das Gesetz sieht Maßnahmen zur Beseitigung von Benachteiligungen der Behinderten vor.*

Art. 9 *Schutz vor Willkür und Wahrung von Treu und Glauben*
Jede Person hat Anspruch darauf, von den staatlichen Organen ohne Willkür und nach Treu und Glauben behandelt zu werden.

Art. 10 *Recht auf Leben und auf persönliche Freiheit*

1. *Jeder Mensch hat das Recht auf Leben. Die Todesstrafe ist verboten.*
2. *Jeder Mensch hat das Recht auf persönliche Freiheit, insbesondere auf körperliche und geistige Unversehrtheit und auf Bewegungsfreiheit.*
3. *Folter und jede andere Art grausamer, unmenschlicher oder erniedrigender Behandlung oder Bestrafung sind verboten.*

Art. 12 *Recht auf Hilfe in Notlagen*
Wer in Not gerät und nicht in der Lage ist, für sich zu sorgen, hat Anspruch auf Hilfe und Betreuung und auf die Mittel, die für ein menschenwürdiges Dasein unerlässlich sind.

Art. 13 *Schutz der Privatsphäre*

1. *Jede Person hat Anspruch auf Achtung ihres Privat- und Familienlebens, ihrer Wohnung sowie ihres Brief-, Post- und Fernmeldeverkehrs.*
2. *Jede Person hat Anspruch auf Schutz vor Missbrauch ihrer persönlichen Daten.*

Organisation der Secondi
Werde Mitglied!

Die neuen eingebürgerten SchweizerInnen mit Migrationshintergrund sind Menschen von allen Kontinenten auf dieser Erde. Diese Menschen haben unterschiedliche Religionen, kamen aus unterschiedlichen Kulturen, viele sind vor Krieg geflüchtet, besitzen unterschiedliche Hautfarben und beherrschen fast hundert unterschiedliche Sprachen. Das Einzige, was diese Menschen verbindet, ist der Schweizer Pass. Sie haben sich für die Schweiz entschieden und möchten frei und politisch engagiert in der Schweiz leben. Dabei ist es sehr wichtig, jetzt schon am Anfang zu sagen, dass jede dritte SchweizerIn eigentlich SchweizerIn mit Migrationshintergrund ist.

Jede(r) Schweizer BürgerIn, welche volljährig, nicht vorbestraft ist und eine der vier Landessprachen beherrscht, kann Mitglied der Partei der Secondi sein. Die führenden Mitglieder der Partei der Secondi werden die SchweizerInnen mit Migrationshintergrund sein. Aus der schweizerischen politischen Szene müssen die SchweizerInnen mit Migrationshintergrund durch die aktive Mitarbeit in unserer Partei auftreten. Die erste Aufgabe von allen neuen Mitgliedern der Partei der Secondi wird sein, neue Mitglieder und Wähler persönlich anzuwerben.

Wir wollen in absehbarer Zeit, die größte Schweizer Partei werden.

Jedes Mitglied soll verstehen, dass, je mehr er/sie neue Mitglieder engagiert, desto höher er/sie in unserer Parteiorganisation aufsteigt.

In den Gesprächen mit den neuen Mitgliedern sollte man sich auf die engsten Wünsche dieser Menschen konzentrieren und diese schriftlich festlegen. Wir werden diese Angaben auswerten und in unserem Parteiprogramm integrieren. Die zweite Sache, die ein neues Mitglied verstehen muss, ist, dass wir in der Anfangsphase mit anderen Parteien nicht politisieren. Wir müssen zeigen, dass wir Potenzial haben, die größte Schweizer Partei zu werden.

Deswegen soll sich jedes neue Mitglied in seiner eigenen Gemeinde erkundigen, wann die nächsten Wahlen stattfinden, und für diese Wahlen im Namen der Partei der Secondi kandidieren. Dabei ist zu beachten, dass man bei jeder Wahl in der Schweiz gewisse Vorarbeiten, wie z. B. Unterschriften sammeln, erledigen muss. Darüber hinaus müssen die Fristen eingehalten werden. Im ersten Kontakt mit dem Gründer der Partei wird man weitere Einzelheiten erhalten.

Da ich weiterhin selbständig weder schreiben noch lesen konnte und kein Internet benutzen konnte, musste ich ab sofort jemanden finden, der mir bei meinem Handicap hilft. Durch Zufall lernte ich einen circa 40-jährigen Alibischweizer kennen, der zu dieser Zeit arbeitslos war und psychische Probleme hatte. Er konnte keine Arbeit suchen, weil er in ärztlicher Behandlung war. In Wirklichkeit hat er sieben Sprachen beherrscht, mündlich und schriftlich, und war ein ausgezeichneter Kenner der sozialen Medien. Ich habe gesehen, dass er persönlich in großen Schwierigkeiten steckte, seine schwangere Frau, eine Brasilianerin, ist von ihm weggegangen und weilt zurzeit in Brasilien bei ihren Eltern. Das hat ihn sehr stark deprimiert. Trotzdem war ich der Meinung, dass seine positiven Eigenschaften sich mit der Zeit noch weiterentwickeln würden, und er half mir dieses Buch zu verfassen. Die Tatsache ist, dass dieses Buch während seiner Entstehung mehrere Formen erlebt hat. Obwohl der besagte Alibischweizer Geld brauchte, hat er die Arbeit, die er für mich tun sollte, irgendwie nur unter Vorbehalt getan. Er sagte mir eines Tages, dass er nie mehr im Leben für jemanden arbeiten werde, wenn der andere von seiner Arbeit viel mehr profitiert als er selbst, was ich akzeptieren musste. Da er damals fast mittellos war, funktionierte unsere Zusammenarbeit sehr gut, weil er Geld brauchte. Ich habe versucht ihn für meine politische Partei zu gewinnen, aber er hat von Anfang an gezeigt, dass er nicht stark daran interessiert war. Mit der Zeit hat sich seine familiäre Situation verbessert, seine Frau kam zurück, die Ärzte haben ihn für arbeitsfähig erklärt und er hat sich bei der RAV gemeldet, um eine Arbeit zu finden. Parallel dazu hat die Stadt Kreuzlingen die Gemeinderatswahlen 2023 angekündigt. Diese sollten am 12. März stattfinden. Ich entschied mich an diesen Gemeinderatswahlen als Partei der Secondi wieder anzutreten. Mein einziger Helfer hat die Liste der Partei angeführt. Nachdem ich ihm 100 SFR gegeben habe, hat er sich eines Tages als Mitglied der Partei der Secondi angemeldet. Er wollte eigentlich, dass ich ihn bezahle dafür, dass er sich für die Partei der Secondi engagiert. Und ich war der Meinung, dass er zuerst etwas leisten muss, bevor er von der Partei Geld bekommen kann. Ich habe ihm vorgeschlagen, dass er durch die sozialen Medien einige Mitglieder für die Partei gewinnt, und ich wollte ihm für jedes neue Mitglied Geld auszahlen. Plötzlich habe ich auch bemerkt, dass er nicht das macht, was ich ihm sage, sondern ich hatte den Eindruck, dass er noch einen weiteren Auftraggeber hatte. Da sein direkter Nachbar ein SVP-Mitglied war, war ich jetzt überzeugt, dass mein einziges Parteimitglied mich verraten und verkauft hat. Er war der Einzige, der am Parteirechner gearbeitet hat, und ich gehe davon aus, dass er mein Buch, das noch nicht fertig war, an die SVP verkauft hat. Er wusste alles über mich und hat alle diese Informationen an die SVP weitergegeben. Einer der Gründe, warum ich mit meinem einzigen Parteimitglied weiter arbeiten wollte, war die Tatsache, dass die Fed-Polizisten meine Kandidatur und die Vorgänge um die Partei der Secondi beobachtet haben. Es ist denkbar, dass die Fedpolizei auch die Internetverbindungen angezapft hat. Dadurch hoffte ich, dass eines Tages irgendein Staatsanwalt in der Schweiz diese eklatanten Vorstöße gegen das Wahlgesetz anklagen wird. Leider sieht es heute so aus, dass das nie der Fall sein wird. Am 13. Februar kam er das letzte Mal in mein Haus, als ich nicht da war, sondern nur meine Frau, und er hat am Parteirechner gewisse Programme installiert. Ich gehe davon aus, dass er Programme installiert hat, damit er über alles, was ich auf dem Rechner schreibe, direkt eine Kopie bekommt. Seitdem benutze ich den Parteirechner nicht mehr und er weiß nicht, was ich eigentlich mache. Wir haben keinen Kontakt mehr. Ob ich gegen ihn persönlich etwas rechtlich unternehme, das weiß ich nicht, das wird sich zeigen. Ich war nicht sehr enttäuscht vom Verhalten des einzigen Parteimitglieds, das ich rekrutiert habe, weil ich von Anfang an wusste, dass er eine sehr labile und erpressbare Person war. Wahrscheinlich hat ihm jemand Geld angeboten und für Geld wird er wahrscheinlich alles tun. In jedem Fall ist mir bei diesem zweiten Versuch, eine Partei zu gründen, das Gleiche passiert wie bei meinem ersten. Die einzigen zwei Mitglieder, die ich bekommen habe, haben mich verraten.

Mir war bewusst, dass die Partei der Secondi nur erfolgreich sein kann, wenn die regierenden Schweizer Parteien mit diesem Vorhaben einverstanden sind. Da ich für die Partei der Secondi Geld brauchte, um Erfolg zu haben, und mit der Gewissheit, dass gegen mich die Nachrichtendienste dieses Landes kein Dossier haben, schrieb ich sofort an die Präsidenten der vier regierenden Schweizer Parteien und an den Präsidenten der Stadt Kreuzlingen einen Bettelbrief, in dem ich sie bat, eine großzügige Spende für die Partei der Secondi zu tätigen. Die besagten Politiker haben, meiner Meinung nach, Schuld, dass ich ungesetzlich ausspioniert wurde. In einem normalen demokratischen Land, wenn die Fedpolizei eingeschaltet wird, muss ein Staatsanwalt dahinterstehen, um Strafverfolgung gegen diejenigen, die die Gesetze dieses Landes missachten, zu eröffnen. In der Schweizer Apartheid ist das alles anders. Die Meineidgenossen halten zusammen und missachten die Rechte der AlibischweizerInnen. Ich möchte es noch einmal wiederholen: Diese Missachtung der Verfassung und der Schweizer Gesetze können sich die Schweizer Politiker nur leisten, weil sie in Wirklichkeit die Arbeitgeber von Staatsanwälten und Richtern in diesem Land sind. Nach meiner Logik, falls ich Erfolg haben würde und die Parteien mir tatsächlich Geld spenden würden, erklärten sie sich auch bereit, meine Partei in ihren Reihen endlich zu akzeptieren. Leider war keine der angeschriebenen Parteien bereit, für die Partei der Secondi Geld zu spenden.

Eine krankhafte Demokratie ist schwierig zu verstehen. Aber die Apartheid in der Schweiz muss sein Ende finden. Es wird sehr viel Aufklärungsarbeit und sehr viel Überzeugungsarbeit brauchen, um diesen Fremdenhass und diese Diskriminierung in den Köpfen der SchweizerInnen zu beseitigen. Diese Arbeit wird Jahrzehnte dauern, aber mit Hilfe von Schulprogramme, des Fernsehens, durch Dokumentationen und auf Basis ehrlicher demografischer Daten muss man bereits jetzt starten, damit man irgendwann Erfolg haben kann.

Folgende Schwerpunkte will die Partei der Secondi, wenn diese konstituiert ist und mindestens 500 Mitglieder hat, in ihrem Programm festlegen:

Punkt 1: Alle Meineidgenossen sollen aus der Politik entfernt werden. Wiederholung, für mich sind alle Menschen in diesem Land kriminell, die nicht ehrlich ihre Steuern an Gemeinde, Kanton und Bund bezahlen, und sie dürfen sich an politischen Entscheidungen in diesem Staat nicht beteiligen.

Punkt 2: Die Abschaffung des Bankgeheimnisses. Ich muss ein paar Worte über das Bankgeheimnis für die Menschen, die in der Schweiz leben, sagen. Während für die politischen Schweizer ein Bankgeheimnis tatsächlich ein Bankgeheimnis ist, ist das Bankgeheimnis für AlibischweizerInnen und AusländerInnen, die in der Schweiz leben, etwas transparenter. Es muss einen Grund dafür geben, warum die Schweizer Parlamentarier das Bankgeheimnis für die ausländischen Kunden in der Schweiz aufgehoben, aber für sich selbst behalten haben. Wie soll man das verstehen? Nehmen wir an, dass ein Schweizer Schwarzgeld hat und es auf eine andere Bank bringen möchte.

Während andere Kriminelle mit ihrem Schwarzgeld ins Ausland gehen müssen, wo es noch möglich ist, Geld zu deponieren, braucht ein Schweizer nur von einer Kantonalbank in eine andere Kantonalbank zu gehen. Damit ist er praktisch in einem anderen Staat angekommen. Dort wird er von einem Parteikollegen empfangen und es wird verschwiegen ein Konto eröffnet und das Geld deponiert. Damit ist sein Bankgeheimnis gewährleistet. Wenn dagegen ein Alibischweizer in die gleiche Bank kommt, bei den gleichen Bankern sein Geld deponiert, ist sein Bankgeheimnis in den Händen eines Parteisoldaten, nämlich des Bankangestellten. Die Informationen werden über die politischen Seilschaften ausgetauscht und dadurch sind alle Daten des Alibischweizers für die Mitglieder einer Partei transparent. Obwohl dies gesetzlich verboten ist, die Meineidgenossen betrachten sich als Menschen, für die die Gesetze und die Verfassung dieses Landes nicht gelten. Man darf nicht vergessen, dass die Parteimitglieder z. B. in der Steuerbehörde, in anderen Banken etc. sitzen, das heißt, überall dort, wo man bestimmte Daten von Fremden erfasst.

Punkt 3: Die Spenden, welche die Parteien erhalten, müssen transparent und auf der Internetseite der jeweiligen Parteien aufgelistet werden. Die Partei der Secondi will, dass der Bund künftig alle Parteien nach ihrer Mitgliederzahl, wie dies in anderen demokratischen Ländern der Fall ist, finanziert. Damit wird Korruption in diesem Land langsam ausgerottet. Während man in anderen demokratischen Ländern meistens eine Person korrumpiert, werden in der Schweiz durch die Parteispenden alle betroffenen Parteimitglieder gekauft.

Punkt 4: Das Deutschschweizer Fernsehen ist Bastion der deutschsprechenden Nationalisten und Bollwerk der Apartheid in diesem Land. Obwohl in der schweizerischen Verfassung steht, dass nur vier Sprachen amtlich sind, benützen die Schweizer Nationalisten die Dialektsprachen zur Unterdrückung und als Diskriminierungssprachen, welche die Mehrheit in diesem Land nicht beherrscht. Für die Mehrheit der Menschen in diesem

Land freizugeben, zementieren sie ihre Apartheidsideen. Das Schweizer Fernsehen braucht eine gründliche, fachliche und personelle Veränderung, damit es allen Menschen, die in diesem Land leben und die Fernsehgebühren bezahlen müssen, gerecht wird. Es ist selbstverständlich, dass dies nur mit einer neuen Führung und neuen Angestellten geschafft werden kann.

Wenn die Partei der Secondi diese vier wichtigsten Punkte im Parlament abwickelt, wird es der erste Schritt zur Abschaffung der Apartheid in diesem Land sein. Mir ist bewusst, dass die Partei der Secondi diese großen Veränderungen in der Schweizer Politik nicht allein durchführen kann. Aber auf der anderen Seite bin ich überzeugt, dass es im politischen Leben in der Schweiz noch immer einige echte Eidgenossen gibt, die Kriminelle in ihrer Nähe nicht akzeptieren wollen. Der fünftwichtigste Punkt in der Politik der Partei der Secondi wird die Erhöhung der Wahlbeteiligung sein. Meiner Meinung nach ist einer der wichtigsten Parameter in jeder Politik die Wahlbeteiligung. Die Schweizer Medien und Schweizer Politiker neigen dazu, diese Zahl bei Referenden und Wahlen jeweils zu unterdrücken bzw. zu vergessen. Die Wahlbeteiligung ist meiner Meinung nach sehr wichtig in einem Staat, wo der Souverän eine Minderheit ist. Die Schweiz hat sich erlaubt, das zu machen, was nur Arabische Emirate, Sultanate, Königreiche seit längerer Zeit tun. In diesen arabischen Ländern ist der Souverän immer die Minderheit im eigenen Land. Diese Staaten dürfen sich dies erlauben, weil dort die Entscheidungen von einem einzigen Mann getroffen werden und ein Sultan, ein König oder ein Emir darf per Befehl die Fremdbevölkerung jederzeit aus dem Land verjagen. Aber die Schweiz ist angeblich ein demokratisches Land und ich kann mir nicht vorstellen, wie sie aus einer solchen politischen und demografischen Situation herauskommen will.

Wie jedes andere Einwanderungsland, wie z. B. Kanada, die USA, Australien etc., muss die Schweiz diesen neuen Schweizern dann alle politischen und Bürgerrechte gewähren und nicht nur Pflichten auferlegen. Die Einbürgerungsfarce, so wie sie heute in der Schweiz, vor allem in den deutschsprachigen Kantonen abläuft, muss aufhören, weil sie den Schweizern die Macht und falsche Gedanken vermittelt, dass die SchweizerInnen etwas Besseres als die Menschen mit Migrationshintergrund sind. Von dieser Überheblichkeit bis zur Apartheid ist es nur ein kleiner Schritt. Wenn man die Alibischweizer politisch mit den Schweizern gleichstellt, dann wird die Wahlbeteiligung wesentlich höher und die Wahlen und die Referenden werden, international gesehen, anerkannt. Die konföderierte Staatsform, die bewaffnete Neutralität der Schweiz, die direkte Demokratie und der politische Pluralismus sind die Grundsäulen der Schweizer Demokratie und sie werden erst dann blühen, wenn die Mehrheit der Bevölkerung in der Schweiz dahintersteht. Eine Minderheit, die sich das Recht nimmt, über die Mehrheit mit allen Mitteln zu regieren, ist sehr gefährlich. Die vielen dummen Nationalisten in der Geschichte Europas sollten eine Warnung für kluge Menschen sein. Obwohl ich sehr enttäuscht bin, glaube ich noch immer daran, dass wenige kluge Köpfe in der Schweiz zusammen mit der Partei der Secondi diese gefährliche und inhumane Politik ändern können.

Die Partei der Secondi wird versuchen, eine eigene Onlinezeitung zu erstellen, in der die Parteimitglieder ihre freien Meinungen äußern dürfen. Der Rechtsstaat in der Schweiz wurde vor drei Jahren praktisch stillgelegt, nachdem die Parlamentarier den Bundesstaatsanwalt entlassen haben.

Die Partei der Secondi sieht ihre Aufgabe darin, die Apartheid in der Schweiz mit politischen Mitteln zu beseitigen. Mit neuen Gesetzen und einer völlig neuen Justiz kann dies in einem oder zwei Jahrzenten auch gelingen. Die Neid- und Meineidgenossen haben ihre vorgefassten Meinungen, ihre Ablehnung gegen Fremde und ihre krankhafte Liebe zur eigenen Nation in sich selber tief verwurzelt und nur durch gezielte Schul- bzw. Aufklärungsprogramme wird uns das in Zukunft zu ändern gelingen. Es wird ein langer und dorniger Weg sein, aber die Alternative wäre verheerend.

Alle erwähnten Punkte, die die Schweizer implementieren sollen, sind leider nur eine Fiktion des Gründers der Partei der Secondi. Die Wahrheit war, dass im Grunde genommen die Partei der Secondi nur in Gedanken des Gründers existierte und in Wirklichkeit nicht in der Lage war, ein einziges vernünftiges Mitglied zu bekommen.

Mittlerweile sind die Gemeinderatswahlen in Kreuzlingen 2023 Geschichte und die Ergebnisse wurden publiziert. Die Partei der Secondi hat sechs direkte Stimmen bekommen, eine weniger als bei der ersten, obwohl wir mit drei Personen auf der Liste angetreten sind. Die Wahlbeteiligung betrug auch dieses Mal nur 34 %, das heißt, dass nur ein Drittel der Wähler zur Wahl gegangen ist und zwei Drittel der Wähler die Wahlen boykottiert haben. Vergleicht man die Anzahl der Wähler mit der Gesamtbevölkerung in Kreuzlingen, kann man sagen, dass nur 12 % der Menschen in Kreuzlingen die politische Macht besitzen – und ich muss es noch einmal wiederholen: Für mich ist das keine Demokratie, sondern Apartheid. Trotzdem wird kein Politiker in dieser Stadt sich fragen, warum das so ist und warum zwei Drittel der Wähler so eine große Abneigung gegen die Politik in dieser Stadt haben. Hier möchte ich einige Vorkommnisse betreffend die Partei der Secondi während der Wahlkampagne im Januar und Februar erwähnen. Das einzige Parteimitglied hat die Partei verraten und verkauft, weil ihn eine andere Partei dafür bezahlt hat. Den Zweiten auf der Parteiliste habe ich persönlich nie kennengelernt und ich weiß nicht, warum er sich da eingetragen hat. Ich persönlich habe versucht, neue Menschen zu finden, die mir bei der Parteiarbeit helfen können. Ich habe Folgendes erlebt: Ich fand einen Alibischweizer, der mit mir eine Stunde über die Partei in einem Restaurant gesprochen hat und grundsätzlich sich einverstanden erklärt hat, mir sozusagen anonym zu helfen. Wir haben einen Termin vereinbart und zu diesem Termin ist er nicht gekommen. Ich habe versucht ihn telefonisch zu erreichen, ohne Erfolg. Die zweite Person, die ich gefunden habe, war ein Asylant, ein sehr intelligenter Mensch, der mit mir auch zwei Stunden gesprochen hat. Er ist noch kein Schweizer, aber an dem Abend, als wir uns trafen, wollte er mir helfen und wir haben vereinbart, dass er sich bei mir meldet. Leider hat er sich nie gemeldet und ich habe versucht ihn am Telefon zu erreichen, ohne Erfolg. Im Parteirechner habe ich gesehen, dass dieser Mensch sich über 71 Mal in der Mitgliederliste angemeldet hat. Wahrscheinlich wurde er von jemandem gezwungen das zu machen, weil er überhaupt kein Schweizer ist, und damit wollte man ihn und mich bestrafen. Ein dritter Interessent für die Partei der Secondi hat ein eigenes Geschäft, und während dieser Wahlkampagne sind gerade in diesem Moment, als ich in diesem Lokal war, Inspektoren des kantonalen Gesundheitsamts zu zweit gekommen und wollten die Hygieneverhältnisse in seinem Lokal überprüfen. Nach den Wahlen besuchte ich diesen Alibischweizer und fragte ihn, ob er für mich gestimmt hat. Er hat aus einer Schublade zwei Wahlbriefe genommen und hat mir gezeigt, dass er überhaupt nicht gewählt hat. Im Grunde genommen hat er mir zu verstehen gegeben, dass er von mir Geld haben wollte, damit er für mich wählen kann. Weil ich ihm kein Geld angeboten habe, hat er einfach nicht gewählt. Und das ist nur einer von 67 % der potenziellen Wähler, die nicht an die Urne gegangen sind. Es ist beschämend für einen Staat, einen Kanton und eine Gemeinde, dass so viele Menschen hier leben und dass sie ihre politischen Rechte nicht wahrnehmen. Es ist gewollt von den regierenden Politikern dieser Gemeinde und der gesamten Schweiz, dass die Alibischweizer nicht zur Urne gehen und dass sich diese nicht in die Politik dieses Landes einmischen sollen. Nachdem ich diese drei Personen kontaktiert habe, die mich abblitzen haben lassen, wollte ich keine weiteren Personen kontaktieren und dadurch in Schwierigkeiten bringen. Mir wurde noch einmal klar, dass eine Partei für Menschen mit Migrationshintergrund nur dann Erfolg haben kann, wenn die Schweizer Politiker das erlauben. Ohne Druck werden sie das nie tun.

Da ich ein ewiger Optimist bin, habe ich mich mit folgenden Gedanken beruhigt: Die Beschattung von meiner Person durch Verfassungsschützer, die ungesetzlich und verfassungswidrig agiert haben, und die vom Bundesrat delegierten Fedpolizisten sollte auf eidgenössischer Ebene geregelt werden. Die Fedpolizisten haben im Auftrag des Bundes einiges getan und ich gehe davon aus, dass der Bundesstaatsanwalt diese Aufgabe übernehmen muss. In jedem Rechtsstaat wird das sehr schnell passieren und werden die Entscheidungen durch die Justiz des Landes angeklagt. In einem Unrechtsstaat läuft das, so scheint es, ganz anders. Trotzdem werde ich dieses Buch zu Ende schreiben und in Eigenregie veröffentlichen. Falls ich bis dahin keine Bewegung im Fall der Partei der Secondi sehen werde, werde ich versuchen, mit Hilfe eines Anwaltes die Dossiers zur Partei der Secondi von der Fedpolizei zur Ansicht zu erhalten. Ich hoffe, dass das möglich sein wird. Es kann nicht sein, dass die Arbeit von Fedpolizisten umsonst war und dass die Politiker daraus nichts lernen wollen. Ich werde dieses Buch zu Ende schreiben und dann werde ich mich mit meinem Anwalt unterhalten und ihn fragen, ob wir, das heißt ich, nicht Anrecht habe, die Ergebnisse der Beschattungen zu bekommen. Und aufgrund der Tatsachen, die da drinstehen, werde ich persönlich gegen bestimmte Personen und Unternehmen juristisch vorgehen. Die Partei der Secondi braucht finanzielle Mittel, damit aus ihr eine richtige Partei wird. Nur wenn die Partei der Secondi finanziell gesichert ist, wird sie in der Lage sein, die richtigen Mitglieder zu beschäftigen, die als Professionelle dann neue Mitglieder werben. Ich will nicht Alibischweizer sein, mit dem die Meineidgenossen tun und machen können, was sie wollen. In einem Unrechtsstaat möchte ich nicht die letzten Jahre meines Lebens verbringen.

Ich wollte die beste Demokratie der Welt von Innen entdecken. Leider habe ich die beste Apartheid auf dieser Erde entdeckt.

Der Autor

Zoran Mitrović wurde 1953 in Sibenik (ehem. Jugoslawien) geboren. Nach abgeschlossener Matura begann er im Bereich der Aluminiumelektrolyse zu arbeiten und absolvierte im Rahmen dieser ersten Berufstätigkeit eine mehrmonatige Ausbildung bei einer Schweizer Partnerfirma. In der Schweiz lernte er seine zukünftige Frau kennen. Nach der Rückkehr nach Jugoslawien nahm Mitrović ein Studium auf, das er 1979 als diplomierter Ingenieur der chemischen Technologie abschloss. Daraufhin suchte er eine Stelle in der Schweiz und lebt dort seit 1980. Nach langer verantwortungsvoller Tätigkeit ging er 2012 aus eigenem Wunsch in den Ruhestand.

2017 erschien sein erstes Buch unter dem Pseudonym Georg Milisa, „Gedanken eines Gastarbeiters". 2018 gründete Mitrović die Partei der Secondi, mit der er zweimal an den Gemeinderatswahlen teilnahm. Details zu seinen politischen Erfahrungen bündelte er in seinem zweiten Buch „Primo der Partei der Secondi".